# 届け出だけでもらえるお金

## 99％の人は知らずに「損」している！

大図解

社会保険労務士・FP
**井戸美枝** 著

プレジデント社

## はじめに

子どもが中学を卒業するまでに198万円支給（児童手当）、
仕事に活きる資格取得で最大168万円支給（専門実践教育訓練給付金）
……こうした制度があることを知っていますか？

仕事でケガを負った場合は医療費無料（療養補償給付）、
夫を亡くした妻と子ども１人に年間100万円支給（遺族基礎年金）
……こうした給付があったら安心ですよね？

頑張っている人を応援する。
頑張りたくても頑張れない人を支援する。
そうした社会保障制度や税金が安くなる制度はたくさんあり、
生まれてから亡くなるまで、
あらゆる場面で給付金や税優遇が受けられます。
それは「トクする制度」でもありますが、
正確にいうと、それは「生きていくためのセーフティネット」。
サーカスの会場では、万が一、落下しても大事に至らないよう、
セーフティネットが張られていますが、
私たちの人生にも社会保障や税優遇というセーフティネットがあり、
何かあってもどん底に落ちないよう、困った状態を受け止め、
元の状態に近いところまで跳ね返してくれるのです。

国は人口増加をめざし、市区町村は定住者を求め、
企業も人材の確保に躍起です。
人は宝であり、人がいなければ社会も企業も成り立たない。

だから人を助けるさまざまな制度を設けているのです。

万が一のときには、なんらかの制度が自分たちを守ってくれる。
それがわかっていれば、やみくもにお金を抱え込もうとしたり、
お金に振り回されたりせずに済みます。
不安が大きいと大事なものがみえなくなりがちですが、
セーフティネットがあることを知って不安が和らげば、
家族の時間、自分の時間が増やせるかもしれません。

年金制度が崩壊するだとか、医療保険が危ないなどといいますが、
実のところ、日本の社会保障は世界に誇れる水準です。

アメリカでは誰もが気軽に医療を受けられるわけではありませんし、
高福祉といわれるスウェーデンには、手術が必要でも、
予算の関係で順番を待たなければならない人がたくさんいます。
日本はとてもいい国だと思いませんか？

国も、自治体も、命や安全を守るしくみや、
よりよく生きられるような支援制度をつくり、予算を組んでいます。
せっかくの制度でも、利用する人が少なければ、
必要性の低いものとして消えていってしまいます。
知る。そして無駄にせず、正しく使う。それが重要です。

「そんな制度があるなんて知らなかった」
「国がもっと宣伝してくれなくちゃ」
そう思う人もいるでしょう。でも文句をいってもはじまりません。
あなたが困っていることを、国も、市区町村も知らない。
だから、自ら情報を探したり、自ら助けを求めたりすることが大切です。

本書は一家に一冊、薬箱のように、
いつでも目に入るところに置いていただけるよう執筆しました。
制度を利用するための条件など、
さらに細かい規定が設けられている例もありますが、
ここでは、「どんなときに」「どんな助けが得られるか」を
「シンプルに」まとめています。
大切なのは詳細ではなく、
「こんな制度がある」ということを記憶にとどめておくことです。

ご自分のために、ご家族のために、
別々に暮らしているご両親やご兄弟姉妹のために、
そして友人、知人にも。
人生の節目を迎えている人がいたら、
何か使える制度がないか、探してみてください。
出産、育児、住宅の取得や修繕をするとき、
病気やケガ、転職や失業、災害に遭ったとき、
年齢を重ねたとき、大切な人が亡くなったとき。
人生の節目や、何か困った状況に置かれた場面では、
なんらかの制度があなたを助けてくれるはずです。
いろいろあることを知り、そして必要なときに手に取ってください。

不安が小さくなった。安心した。
そう感じていただけたら、それ以上の喜びはありません。

2018年5月　井戸美枝

●本書で紹介する制度の内容や金額は2020年4月末時点のものです（例外は注釈で表記など）。
随時、変更がありますので、詳細はお住まいの地域の届け出先にお問い合わせください。

# ＼人生100年／
# マネー大獲得ゲーム

人生のどの場面で、どんなお金がもらえるのか。
出産時から老後までシミュレーションしてみよう。

※金額は平均的な概算です

**28歳**
START
結婚

**30歳**
出産。
第一子が生まれる
▶出産育児一時金
**+42万円**
PART 1-03　P20へ

▶児童手当を給付
**+198万円**
PART 2-09　P34へ

**33歳**
子どもが
私立幼稚園に入園
▶幼児教育・
保育の無償化
施設費が無料
PART 2-14　P44へ

**36歳**
マイホームを購入。
住宅ローンを組む
▶住宅ローン控除
**+650万円**
PART 3-21　P60へ

▶すまい給付金
を給付
**+50万円**
PART 3-20　P58へ

**38歳**
避暑のため家の
ブロック塀を生垣にする
▶生垣緑化助成
**+25万円**
PART 3-30　P78へ

**40歳**

自然災害に
見舞われて
住居が半壊する
▶被災者生活再建
支援制度
**+200万円**
PART 6-68　P138へ

## 100歳
**GOAL**
幸せな余生を過ごす

## 78歳
書道の全国コンクールで入賞。この年齢になり人生初の取材を受ける

## 72歳
父が他界する
▶埋葬料
+5万円
PART 8-86 P174へ

## 65歳
年金受給開始。趣味で書道をはじめる
▶老齢年金
+200万円／年
PART 7-74・75 P148、149へ

## 60歳
腫瘍がみつかり治療。大事に至らず完治する
▶高額療養費制度
+21万円
PART 4-31 P80へ

## 55歳
実家に戻って田舎暮らしすることを決める
▶UIJターン支援
+216万円
PART 5-64 P130へ

## 54歳
実家の親が要介護状態に。自宅をリフォームする
▶介護保険❷
+18万円
PART 7-83 P166へ

## 47歳
長年勤めた会社を早期退職制度で退職。退職金をもらい、転職する

## 43歳
通勤途中、事故に遭う。骨折で通院
▶療養補償給付
治療費が無料
PART 4-38 P92へ

マネー知識を得るためにFPの資格を取得
▶一般教育訓練給付金
+10万円
PART 5-53 P116へ

# 目次

はじめに……3
マネー大獲得ゲーム……6

## PART 1 結婚・出産……15

- **01** 妊婦健診費用助成……16
- **02** 妊産婦医療費助成制度……18
- **03** 出産育児一時金……20
- **04** 出産祝い金……22
- **05** 出産手当金……24
- **06** 特定不妊治療費助成金……26
- **07** 医療費控除による税負担の軽減……28

COLUMN　税金でトクする制度1　ふるさと納税……30

## PART 2 育児・教育……31

- **08** 乳幼児・子ども医療費助成制度……32
- **09** 児童手当……34
- **10** 児童扶養手当・児童育成手当……36
- **11** 育児休業給付金……38
- **12** 育児休業中の社会保険料免除……40
- **13** 子育て支援パスポート……42
- **14** 幼児教育・保育の無償化……44

**15** 労災就学等援護費……46

**16** 日本学生支援機構の奨学金……48

**17** 教育一般貸付（国の教育ローン）……50

COLUMN　税金でトクする制度2　NISA（少額投資非課税制度）……52

# PART 3 住まい……53

**18** 住宅取得等資金贈与の非課税……54

**19** 相続時精算課税……56

**20** すまい給付金……58

**21** 住宅ローン控除（住宅借入金等特別控除）……60

**22** 認定住宅新築等特別税額（投資型減税）……62

**23** 住宅リフォーム助成……64

**24** 耐震診断費用助成・耐震補強工事費助成……66

**25** 特定増改築等住宅借入金等特別控除……68

**26** 住宅特定改修特別税額控除……70

**27** 住宅耐震改修特別控除……72

**28** 特定優良賃貸住宅（特優賃）……74

**29** 家賃助成・住み替え助成……76

**30** 生垣緑化助成……78

# 目次

## PART 4 病気・けが ……… 79

- 31 高額療養費制度 ……… 80
- 32 傷病手当金 ……… 82
- 33 難病医療費助成制度 ……… 84
- 34 障害年金❶(種類) ……… 86
- 35 障害年金❷(金額) ……… 88
- 36 障害手当金 ……… 90
- 37 特別障害給付金 ……… 91
- 38 療養補償給付 ……… 92
- 39 休業補償給付 ……… 93
- 40 傷病補償年金 ……… 94
- 41 障害補償給付 ……… 96
- 42 介護補償給付 ……… 98
- 43 医療費控除 ……… 100
- 44 セルフメディケーション税制 ……… 102
- 45 人間ドック助成金・メタボ検診 ……… 103

**COLUMN** 税金でトクする制度3 つみたてNISA ……… 104

## PART 5 転職・失業 ……… 105

- 46 失業給付の基本手当❶(条件) ……… 106

- **47** 失業給付の基本手当❷(金額) ……… 108
- **48** 失業給付の基本手当❸(日数) ……… 110
- **49** 基本手当の延長給付 ……… 112
- **50** 傷病手当 ……… 113
- **51** 技能習得手当・寄宿手当 ……… 114
- **52** 求職者支援制度 ……… 115
- **53** 一般教育訓練給付金 ……… 116
- **54** 専門実践教育訓練給付金 ……… 118
- **55** 広域求職活動費 ……… 120
- **56** 移転費 ……… 121
- **57** 再就職手当・就業促進定着手当 ……… 122
- **58** 就業手当 ……… 124
- **59** 常用就職支度手当 ……… 125
- **60** 高年齢雇用継続基本給付金 ……… 126
- **61** 高年齢再就職給付金 ……… 127
- **62** 自治体による資格取得講座 ……… 128
- **63** 自治体などの起業支援 ……… 129
- **64** UIJターン ……… 130
- **65** 未払い賃金立替制度 ……… 132
- **66** 所得税の還付 ……… 134
- **67** 生活保護 ……… 136

目次

## PART 6 災害 ……………… 137

- **68** 被災者生活再建支援制度 ……… 138
- **69** 災害援護資金 ……… 140
- **70** 災害障害見舞金 ……… 142
- **71** 災害弔慰金 ……… 143
- **72** 教育への各種支援 ……… 144
- **73** 雑損控除・災害減免法 ……… 145

COLUMN　税金でトクする制度 **4**　パート収入の壁 ……… 146

## PART 7 老後 ……………… 147

- **74** 国民年金 ……… 148
- **75** 厚生年金 ……… 149
- **76** 加給年金 ……… 152
- **77** 振替加算 ……… 154
- **78** 在職老齢年金 ……… 156
- **79** 年金の繰上げ・繰下げ ……… 158
- **80** 国民年金保険料の免除制度 ……… 160
- **81** 高齢者医療制度 ……… 162
- **82** 介護保険❶（条件）……… 164
- **83** 介護保険❷（サービス）……… 166

**84** 高額介護サービス費 ……… 168

**85** 高額医療・高額介護合算療養費 ……… 170

COLUMN　税金でトクする制度 5　iDeCo（個人型確定拠出年金）……… 172

## PART 8 弔意 ……………… 173

**86** 埋葬料・家族埋葬料・埋葬費・葬祭費 ……… 174

**87** 未支給年金給付 ……… 176

**88** 未支給失業給付 ……… 177

**89** 遺族基礎年金 ……… 178

**90** 遺族厚生年金 ……… 180

**91** 中高齢寡婦加算 ……… 182

**92** 寡婦年金 ……… 184

**93** 死亡一時金 ……… 186

**94** 遺族補償年金・遺族補償一時金 ……… 188

**95** マル優・特別マル優 ……… 190

**96** 福祉定期預金 ……… 191

# 本書で出てくる基礎用語

### 被保険者

健康保険、年金保険などに加入し、保険料を負担している人

### 被扶養者

健康保険、年金保険などに加入し、保険料を負担している被保険者に扶養されている人（会社員の夫、専業主婦の妻、子どもの家族では、夫が被保険者、妻子が被扶養者）

### 標準報酬月額

健康保険・厚生年金保険では、基本給、通勤手当、残業手当などの各種手当を加えた1カ月の総支給額（臨時に支払われるものや3カ月を超える期間ごとに受ける賞与などを除く）を「報酬月額」という。報酬月額を区切りのよい幅で区分した等級にあてはめた金額が「標準報酬月額」となる

### 標準報酬日額

「標準報酬月額」を30で割った金額

### 基本手当日額

会社を退職した日（離職日）の直前6カ月間の賃金（ボーナスなどを除く）の合計を180で割り「賃金日額」を計算。その50〜80％（60〜64歳では45〜80％）が「基本手当日額」となる

### 給付基礎日額

労災などが起きた日の直前3カ月の賃金（ボーナスなどを除く）の合計を3カ月の日数で割った金額

# 結婚 出産

PART 1

# 01 費用を気にせず健診が受けられる
# 妊婦健診費用助成

トクするお金 平均約10万円

 **内容**　妊娠から出産まで妊婦健診（妊婦健康診査）を受ける必要があります。全部で14回前後ですが、保険は適用されず、1回3000円〜1万円程度の費用は全額自己負担。かなりの金額になりますが、市区町村がその費用を助成してくれます。

 **対象者**　妊娠した人

 **ポイント**
- 助成内容は市区町村によって異なる
- 市区町村で母子健康手帳を交付される際、合わせて妊婦健診の受診票が交付される例が多い
- 受診票は自治体と委託契約を結んだ医療機関で使用可能。健診費用が公費負担分を上回ったら差額を自費で支払う
- 委託契約を結んでいない医療機関を受診する場合は、助成を受けられるかどうかを自治体に確認。助成額が異なるケースや、公費負担される検査項目が定められている例がある
- 受診票は発行した自治体以外では使用できない。里帰り出産など、居住地以外の医療機関を受診する場合は、受診後に申請すれば一部が助成される

 **届け出先**　市区町村役場

妊産婦健診は、体調がよいときでも定期的に受診しましょう。事業主は働く女性が勤務時間の中で必要な時間を確保し、職場を離れて健診できるようにする必要があります。早めに会社に申し出ましょう。

## 東京都江戸川区の助成額の例 (妊婦健診は14回まで)

| | | |
|---|---|---|
| 妊婦健診<br>(C型肝炎抗体検査含) | 1回目上限額 | 1万850円 |
| 妊婦健診 | 2回目以降上限額 | 5070円 |
| 超音波検査 | 上限額 | 5300円 |
| 子宮頸がん検診 | 上限額 | 3400円 |

PART1 結婚・出産

# 02 妊婦の健康維持を手助けする
## 妊産婦医療費助成制度

ラクするお金
約**500**円/月
ですむ

**内容**：妊娠中や出産時にかかった医療費のうち、健康保険が適用されるものについて、自己負担分が助成される自治体の制度。医療費が3割負担で3000円払ったとしたら、その3000円が助成の対象です。助成される期間や、助成の内容（一部か、全額かなど）は自治体によって異なります。本人や配偶者の所得制限があることも。

**対象者**：健康保険や国民健康保険の加入者で妊娠、出産する人

**ポイント**：
- ●助成期間や助成の内容は自治体によって異なる
- ●妊婦健康診断や普通分娩の費用は対象外（「妊婦健診費用助成」（16ページ参照）や「出産育児一時金」（20ページ参照）でカバーされる）
- ●帝王切開での出産は保険診療になるため、対象になる

**届け出先**：市区町村役場

出産、子育てに備えて体調を整えるのは大切なことですから、上手に利用して健康を保ちましょう。歯科治療も対象になりますから、妊娠を機に治すといいですよ。

# 妊産婦に優遇される医療費の例

## 栃木県宇都宮市の妊産婦医療費助成制度

| | |
|---|---|
| 対象 | 宇都宮市に住民登録のある妊産婦で、健康保険が適用となる診療を受けた場合 |
| 助成内容 | 医療費（自己負担）を助成。ただし医療機関ごとに入院・外来別で月額500円は自己負担 |
| 助成期間 | 母子健康手帳の交付を受けた月の初日から出産（流産を含む）した月の翌々月の末日まで。母子健康手帳の交付前でも、妊娠に関する疾病（流産を含む）は助成の対象になる |

## 東京都港区の妊娠高血圧症候群等の医療費助成

| | |
|---|---|
| 対象 | 港区に住民登録のある妊婦で、前年分の総所得税額が3万円以下の世帯、または入院見込み期間が26日以上の人 |
| 対象疾患 | 妊娠により入院医療を必要とする次の疾病及びその続発症。妊娠高血圧症候群及びその関連疾患、糖尿病及び妊娠糖尿病、貧血、産科出血、心疾患 |
| 助成内容 | 医療費の自己負担分。入院時の食事療養費など保険適用外の費用を除く |

PART1 結婚・出産

# 03 出産育児一時金
### 数十万円の出産費用が支給される

**もらえるお金**
子ども1人につき
**42万円**

**内容**

出産にかかるお金は平均で50万円前後。正常分娩は病気ではないため、全額自己負担ですが、健康保険から、「出産育児一時金」として子ども1人につき42万円が支給されます。

**対象者**

妊娠4カ月（85日）以上で出産した人
流産、死産の場合も対象

**ポイント**

- 子ども1人につき、42万円。双子なら84万円、3つ子なら126万円
- 産科医療補償制度（分娩に関連して子どもが重度脳性麻痺になった際に補償を受けられる制度）に加入していない医療機関等で出産した場合は、1人につき40万4000円
- 医療機関が、出産育児一時金を直接、市区町村から受け取る「直接支払制」を採用している場合、費用を窓口で支払わずに済む
- 被保険者期間が1年以上で退職日から6カ月以内に出産した場合は在職時の健康保険か、出産時に加入している健康保険のいずれかを選択。専業主婦の場合は、夫が加入する健康保険からの支給（「家族出産育児一時金」という）

**届け出先**

医療機関および、加入する健康保険組合、国保なら市区町村役場
支給の方法は利用する医療機関によって異なる

---

加入している健康保険組合によっては、さらに手厚い給付（付加給付）がある例も。

## 支給の方法は利用する医療機関によって異なる

**直接支払制度** … 医療機関で手続き
**受取代理制度** … 医療機関で手続きしたあと、
　　　　　　　　健康保険組合・協会けんぽなどに申請書を提出

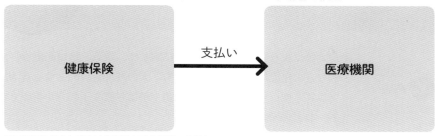

※42万円を超えた場合は差額分を医療機関に支払う

**医療機関がどちらにも対応していない場合**

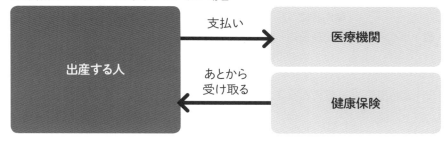

PART1 結婚・出産

# 04 第1子より第2子の方が手厚くなる
## 出産祝い金

もらえるお金
**10万円**
（東京都・渋谷区の例）

 **内容**：自治体によっては子どもの誕生に際して、現金、地域商品券、品物などの出産祝いを贈呈する例も。人口増加を目的とする自治体で実施しているケースが多く、第1子より第2子の方が手厚くなる、などの傾向もあります。

**対象者**：出産した人

 **ポイント**：
- ●内容は市区町村によって異なる（制度がない市区町村も）
- ●出産前の一定時期から居住していることなど、一定の条件を設けている市区町村もある

 **届け出先**：市区町村役場

市区町村の制度は、自治体の広報誌やホームページでチェックしましょう。

## 出産祝い金の例

### 東京都渋谷区・ハッピーマザー出産助成金

| | |
|---|---|
| 助成対象 | 妊娠12週を超えて(85日以上)出産し、出産日の3カ月前から申請日現在まで継続して区内に住民登録があり、健康保険に加入している人 |
| 助成内容 | 1人の出産につき限度額10万円<br>ただし、加入している健康保険から出産一時金の付加給付が支給される場合は、その額を控除した金額 |

### 東京都中央区・新生児誕生祝品（区内共通買物券）

| | |
|---|---|
| 助成対象 | 出生日において、保護者および新生児の住所が区内にある人 |
| 助成内容 | 区内共通買物券(3万円分) |

### 熊本県産山村・出産祝金

| | |
|---|---|
| 助成対象 | 産山村に住民票があり、村内に居住している新生児 |
| 助成内容 | 第1子20万円、第2子30万円、第3子以降月々1万円を満5歳になる誕生月まで |

# 05 産休中の収入減をカバー
# 出産手当金

もらえるお金
約**52**万円
（月収24万円の場合）

**内容**
産休を取得し、産休中の給料が減額になったり、ゼロになったりした場合、健康保険から「出産手当金」が支給されます。給料全額ではありませんが、収入ダウンがある程度カバーされます。

**対象者**
会社員や公務員など、健康保険に加入している人で、産休中に給料が減額になったり、ゼロになったりした人。専業主婦や国民健康保険の加入者（自営業者の妻など）は対象外

**ポイント**
- 全国健康保険協会（協会けんぽ）では、標準報酬日額の3分の2の額が基準となり、給料がそれより少ない場合は差額を支給
- 支給期間は産前42日（出産日を含む）から産後56日まで。多胎妊娠（双子など）では産前は98日。出産が予定より遅れた場合は、遅れた日数が加えられる
- 85日以後での流産、死産でも支給される
- 退職した場合でも、①退職日の前日まで1年以上加入、②退職日に出勤していない、③退職時に出産手当金を受給しているか、その条件を満たしている、の条件を満たせば支給される
- 同じ時期に「傷病手当金」（82ページ参照）を受給している場合は、出産手当金のみの支給となる

**届け出先**：勤務先

加入している健康保険組合によっては、さらに手厚い付加給付がある例も。自営業の人には支給がないので、出産前後の収入ダウンを見込んでお金の準備をしておきましょう。

## 標準報酬月額24万円の場合の支給額

### 産休中の給料がゼロの場合

| 標準報酬日額 | 標準報酬月額 24万円 ÷ 30日 = 8000円 |
|---|---|
| 支給日額 | 8000円 × 2/3 = 5333円 |
| 支給総額 | 5333円 × 98日 = 52万2634円<br>（産前42日＋産後56日） |

### 産休中の給料が日額2000円の場合

| 標準報酬日額 | 標準報酬月額 24万円 ÷ 30日 = 8000円 |
|---|---|
| 支給日額 | 8000円 × 2/3 = 5333円 |
| 給料との差額 | 5333円 − 給料の日額 2000円 = 3333円 |
| 支給総額 | 3333円 × 98日 = 32万6634円<br>（産前42日＋産後56日） |

## 06 高額な治療費の一部を負担
### 特定不妊治療費助成金

もらえるお金
約**120**万円

| | |
|---|---|
| **内容** | 人工授精、体外受精、顕微授精といった「特定不妊治療」は健康保険が適用されず、1回約20万～50万円の費用がかかります。妊娠、出産を望んでいても、それでは思うように治療できません。そこでこの費用負担を軽減するため、一部が助成金として給付されます。 |
| **対象者** | 特定不妊治療以外の方法では妊娠する見込みがない、または可能性が極めて低いと医師に診断された夫婦。法律上の婚姻をしており、前年の夫婦の合計所得が730万円未満であることが条件 |
| **ポイント** | ●助成内容は、治療内容や年齢、自治体によって異なる<br>●自治体が指定する医療機関での治療が対象<br>●自治体によっては、タイミング法や人工授精などの「一般不妊治療」に対する助成を行っている例もある |
| **届け出先** | 市区町村役場 |

自治体が指定する医療機関は厚生労働省や各都道府県のサイトで調べましょう。治療してからの申請、給付なので、治療時には自身でお金を準備する必要があります。

## 助成金の例

### 助成金の額

| 1回目 | 2回目以降 | 男性に精子採取手術などが必要な場合はさらに |
|---|---|---|
| **30**万円 | **15**万円 | **15**万円 |

### 助成の回数

| 申請時の妻の年齢 | 助成回数 |
|---|---|
| 40歳未満 | 通算**6**回まで |
| 40歳以上43歳未満 | 通算**3**回まで |
| 43歳 | 対象外 |

※自治体によって上記国の基準を超える助成もある

PART1 結婚・出産

# 07 医療費控除による税負担の軽減

自己負担した医療費が年間10万円超なら所得税が安くなる

トクするお金
**10**万円超は税金を還付

 **内容**

1年間で10万円超の医療費を自己負担した場合、10万円を超える分が所得から控除される（差し引ける）「医療費控除」が受けられます。病気治療にかかった医療費のほか、出産費用なども対象になり、所得が減る分、所得税、住民税、健康保険料が安くなります。控除を受けるには確定申告をする必要があります。

 **対象者**

1年間（1月1日〜12月31日）の医療費（自己負担額）から、健康保険などで給付された額（「出産育児一時金」（20ページ参照）や「高額療養費」（80ページ参照）など）を引いた額が、10万円または所得の5％を超えた人

**ポイント**

- 妊娠、出産に関しては、妊娠中の定期健診、検査、出産費用、出産時に緊急で入院する際のタクシー代などが対象
- 里帰り出産の帰省費用、妊娠検査薬代、ビタミン剤、リラックスのためのマッサージ代などは対象にならない
- 病気治療や入院のための医療費、医薬品、通院費用（公共交通機関）、入院中の食事代、薬局で買った薬代なども対象になる
- 家族の分も合わせて10万円を超えれば控除が受けられる。離れて暮らす親の医療費を負担した場合はそれも合算可能
- 確定申告が必要。会社員は所得税を源泉徴収されているので、納め過ぎた分が還付される。住民税は翌年分が安くなる

 **届け出先**：税務署（確定申告）

> 軽減される所得税は、「控除額×所得税率」で計算されます。共働きの家庭は、所得の多い（所得税率の高い）人が確定申告した方が有利です。

## 医療費70万円の場合の所得税

= 医療費控除の額 （例／70万円−45万円−10万円=15万円）

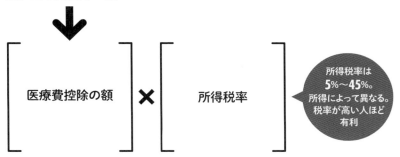

所得税率は5%〜45%。所得によって異なる。税率が高い人ほど有利

= **軽減される所得税の額**（例／15万円×10%=1万5000円）

税金でトクする
制度 ……………… 1
## ふるさと納税

「ふるさと納税」は、居住地以外の市区町村を選んで納税する制度です。

多くの市区町村では、ふるさと納税をした人への返礼品を用意しており、ふるさと納税すると納税金額に応じて地域の特産品や優待などを受けられます。

ポイントは、ふるさと納税をすると税金が安くなること。ふるさと納税額から2000円を引いた額を所得から控除でき、所得が少なくなる分、所得税と住民税が安くなるのです。

たとえば年収500万円の会社員で専業主婦の妻と16歳以上19歳未満の子がいる世帯の場合、4万円寄付すると所得税と住民税が3万8000円安くなります。実質的な負担は2000円（4万円－3万8000円）で、「好きな自治体に納税したり」「地域の特産品を楽しめたり」できるのです。

いくらの納税までが実質2000円の負担で済むかは、家族構成や納税額によって異なります。総務省の「ふるさと納税ポータルサイト」でおおまかな額がわかりますからチェックしてみましょう。5カ所までの納税であれば確定申告が不要な「ワンストップ特例制度」もあります。

どの市区町村がどんな返礼品を用意しているかなどは、ふるさと納税の専用のサイトで調べられます。自然災害で被害を受けた自治体などに返礼品なしで納税することもできますし、自然保護やNPO団体の活動支援など、納税したお金の使い途を限定している例もあります。

2019年6月からは総務省の指定を受けた自治体への寄附だけが対象となりました。自治体が指定を受けるには、返礼品が「地場産品」かつ「返礼割合が3割以下」の場合に限られます。

# 育児教育

PART 2

# 08 乳幼児・子ども医療費助成制度

子どもの医療費がかからない自治体も

トクするお金
医療費を**免除**

 **内容**
子どもの医療費を助成する自治体の制度で、多くの自治体が「乳幼児医療費助成制度」「小児医療費助成事業」などの名称で行っています。対象年齢や内容、親の所得制限などは、自治体によって異なります。

 **対象者**
健康保険に加入している子ども

**ポイント**
- 中学生までの医療費を助成している自治体が多く、一部、高校生までの例も
- 通院のみ、入院のみ、両方などの例がある
- 自治体に申請して医療証などの交付を受け、市区町村内または都道府県内の医療機関で提示すると支払いが不要になるというケースや、窓口で自己負担分を支払い、後日申請して振り込みを受けるなどのケースがある

 **届け出先**
市区町村役場

子どもにはほぼ医療費がかからないという自治体もあり、子ども保険の医療特約や子ども共済の保障を見直すといった保険料が節約できます。

## 子ども医療費助成制度の例

### 東京都目黒区の例

| | |
|---|---|
| 対象 | 目黒区在住の健康保険加入者 |
| 助成期間 | 申請日から子どもが15歳に達したあと最初の3月31日まで |
| 助成範囲 | 健康保険の対象となる医療費の自己負担分。<br>入院時食事療養標準負担額 |

### 神奈川県横浜市の例

| | |
|---|---|
| 対象 | 横浜市在住の健康保険加入者 |
| 助成期間 | 申請日から15歳に達したあと最初の3月31日まで |
| 助成範囲 | 小学4年生～6年生までは通院1回につき500円までの自己負担（院外薬局、入院を除く）があるが、ほかは自己負担分を助成 |

# 09 児童手当

子どもが中学を卒業するまで
保護者に月額1万円前後を支給

もらえるお金
子ども1人につき
**198万円**

**内容**：中学校卒業までの子どもを養育している人に対し、少子化の抑制と子どもの健やかな成長を目指して「児童手当」が支給されます。

**対象者**：中学校卒業までの子どもを養育している人

**ポイント**：
- 支給額は0〜3歳未満が月額1万5000円、3歳〜中学生は1万円
- 第3子（高校卒業までの子どものうち、3番目以降の子ども）は、3歳〜小学生の期間のみ1万5000円に増える
- 毎年6月、10月、2月に前月までの4カ月分が振り込まれる
- 子どもを養育している人の前年の所得が一定額以上だと、児童手当が受けられない。代わりに「特例給付」として、子ども1人につき一律で月額5000円が支給される。共働きの場合は、所得が高い人の所得額で判断（夫婦の合算ではない）

**届け出先**：市区町村役場
公務員は勤務先

子ども1人についての支給額は合計で198万円（第1子、第2子の場合）。全額を貯めておけば大学入学時に必要な資金が賄えます。使わず、積み立てておくのが理想的です。

## 児童手当の支給額

| 子どもの年齢 | 支給額（月額） |
| --- | --- |
| 0歳～3歳未満 | 1万5000円 |
| 3歳～小学生 | 1万円（第3子以降は1万5000円） |
| 中学生 | 1万円 |

## 児童手当の所得制限限度額

| 扶養親族等の数 | 所得額 | 収入額の目安※ |
| --- | --- | --- |
| 0人 | 622万円 | 833.3万円 |
| 1人 | 660万円 | 875.6万円 |
| 2人 | 698万円 | 917.8万円 |
| 3人 | 736万円 | 960.0万円 |
| 4人 | 774万円 | 1002.1万円 |
| 5人 | 812万円 | 1042.1万円 |

※会社員や公務員の場合。収入額は所得額に給与所得控除を加算した額

# 10 児童扶養手当・児童育成手当

ひとり親や親代わりの保護者を支援

もらえるお金
**918万円**
子ども1人の場合

**内容**

ひとり親世帯や、親代わりに子どもを養育している人に、生活支援や自立促進のために、国の制度として「児童扶養手当」が支給されます。さらに一部の自治体には、「児童育成手当」という制度もあります。

**対象者**

**児童扶養手当** 18歳になったあと最初の3月31日までの子どもを養育しているシングルマザー、シングルファーザーか、父母に代わって子どもを養育している人で、子どもが以下①〜④のいずれかに該当する場合
①父母が離婚、②父または母が死亡、一定程度の障害の状態にある、生死不明、1年以上遺棄、裁判所からのDV保護命令を受けた、1年以上拘禁、③婚姻によらずに生まれた、④棄児などで父母がいるかいないかが明らかでない

**児童育成手当** 条件は自治体によって異なるが、おおむね、「児童扶養手当」と同様の条件

**ポイント**

- 支給額は所得や子どもの数によって異なる
- 子どもの心身に一定の障害がある場合は20歳になる月まで支給
- 遺族年金、障害年金、労災年金、遺族補償などを受給している場合、「児童扶養手当」は、年金額が「児童扶養手当」の額より少ない場合のみ、その差額が支給される

**届け出先**：市区町村役場

支給されるのは申請後の分のみで、申請前の分は支給されません。離婚、死亡などで大変でも早めに申請を。

## 児童扶養手当の支給額 (2019年度)

| 年収 | 支給額（月額） |
|---|---|
| 160万円（所得87万円）未満 | 全部支給 4万2910円 |

**第2子には最大1万140円、第3子以降は1人につき最大6080円の加算**

※一部支給は所得に応じて決定。子ども1人の場合は4万2900円～1万120円。子ども2人目の加算額は1万130円～5070円。子ども3人目以降の加算額は6070円～3040円。
※扶養親族等人数が1人の場合
※2019年11月から奇数月に年6回（各2カ月分）支払いになる（2019年10月までは4カ月分ずつ年3回）

## 児童育成手当の例

| | 子ども1人につき月額 |
|---|---|
| 東京都新宿区、練馬区、荒川区 | 1万3500円（子どもに一定の障害がある場合は月額1万5500円） |
| 東京都江東区 | 1万3500円 |

### 育児休業する母と父に1年間の給付金
# 育児休業給付金

もらえるお金 約**146**万円
（月収24万円・10カ月休んだ場合）

**内容**　育児休業中の収入ダウンを支えるのが、雇用保険の「育児休業給付金」。母親、父親の両方が受けることもできます。

**対象者**　育児休業を取得する母親、父親

**ポイント**
- 母親、父親、いずれかが育児休業を取得する場合は、子ども1歳の誕生日の前日まで給付。ただし、母親は出産日の翌日から8週間は「出産手当金」が支給されるため、「育児休業給付金」は支給されない
- 母親、父親の2人が育児休業を取得する場合は、子ども1歳2カ月までの育児休業に対し、それぞれ最長1年まで支給。同時期でも、別々の時期でも支給される
- 離婚、配偶者の死別などで1歳以降も育児休業を取得する場合は、最長2歳まで支給される
- 支給額は休業する前の賃金によって決まる。休業から180日目まではその67％、181日目以降はその50％。休業中も勤務先から賃金が支払われる場合は給付金が減額される
- 給付金には税金や社会保険料（年金保険料、健康保険料）がかからない（社会保険の加入資格は変わらない）

**届け出先**　勤務先を通じてハローワーク

> 育児休業給付金には税金、社会保険料がかからず、全額が受け取れるため、実質的には休業前と大差ない収入が得られます。もちろん医療もそれまで通り受診できますよ。

## 育児休業給付金の支給額

育児休業開始から180日目まで

ただし、月額4万9848円を下回る場合は4万9848円　また月額30万4314円が上限

181日目以降

ただし、月額3万7200円を下回る場合は3万7200円　また月額22万7100円が上限

## 会社から賃金が支払われる場合

賃金が ［休業開始時賃金日額］ ✕ ［支給日数］ の

| 13%を超える場合 | 80%を超える場合 |
|---|---|
| 支給額が減額 | 支給なし |

# 12 育児休業中の社会保険料免除

社会保険料を払わずに資格保持

トクするお金
約**34**万円
（月収24万円・10カ月休んだ場合）

 **内容**
会社員は給与などから社会保険料（健康保険料と厚生年金保険料）が差し引かれていますが、育児休業中は社会保険料の納付が免除されます。保険料の半分は企業が負担していますが、企業も納付の必要がありません。

**対象者**
育児休業を取得する母親、父親

 **ポイント**
- 育児休業法と会社独自の育児休暇制度などで、子どもが3歳になるまでの間、実際に休業した期間
- 月の途中で育児休業が開始、終了した場合は、開始した月から終了した前の月まで
- 保険料免除期間中も健康保険の資格はそのまま保持され、それまで通りに医療サービスが受けられる
- 免除期間も保険料は納付したものとして扱われ、将来の年金額が減ることはない
- 復職後、給料が減った場合、下がった給料をベースにして保険料が再計算される（収入が下がった分、保険料も下がる）。その場合も、年金については、子どもが3歳になるまでの期間は元の保険料を納めたものとして計算され、不利にならない

**届け出先**：勤務先を通じて健康保険組合、年金事務所

2019年4月から、産前産後期間（出産予定日の前日から4カ月間）は国民年金保険料が免除されます。その間の年金額は減りません。

## 社会保険料免除の期間と影響

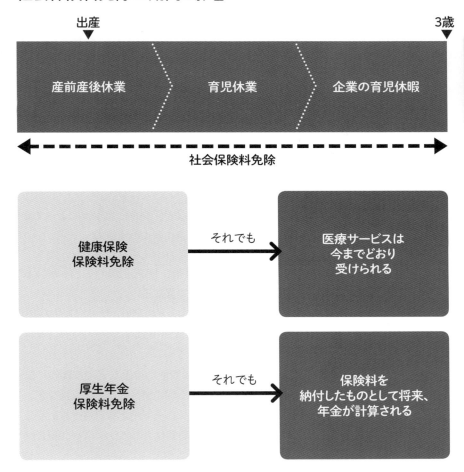

# 13 子育て支援パスポート

子育て世帯に嬉しい
買い物や食事の割引サービス

全国の店舗で
割引サービス

 **内容**
子どものいる家庭に対し、協賛する店や施設が割引などのサービスを行うもの。以前は自治体単位の取り組みでしたが、現在は、居住する市区町村で交付されたパスポートを、全国の都道府県で利用できるようになっています。

 **対象者**
子育て中の世帯。子どもの年齢など、詳細は自治体によって異なる。妊娠中の人がいる世帯が対象に含まれる例も

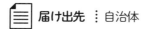 **ポイント**
- 中学生以下の子どもがいる世帯、18歳未満の子どもがいる世帯など、対象は自治体によって異なる
- 協賛店舗での買い物代、食事代などの割引、サービス品の提供、住宅ローンの金利引き下げ、チャイルドシートの無料貸与など、さまざまなサービスがある
- パスポート（優待カード）は学校や幼稚園などでの配布、母子手帳交付時、出生届を提出する際の交付など。東京都など、スマートフォンにアプリをダウンロードできる自治体もある
- 子ども同伴がサービスを受ける条件となるケースや、親だけでも優待が受けられる例がある

**届け出先**：自治体

子育て支援パスポートはいつも持っておきましょう。提示するとさまざまなサービスが受けられ、協賛する企業やお店が拡がっています。知らないともったいないですね。

## 子育て応援とうきょうパスポートの例

**対象** 東京都内在住の中学生以下の子どもまたは妊娠中の人がいる世帯

- 粉ミルクのお湯の提供
- おむつ替えスペースの提供
- トイレにベビーキープ設置
- 授乳スペースの提供
- キッズスペースの提供
- ベビーカーを店内で利用可能
- 景品の提供
- ポイントの付与
- 商品の割引

その他 利用者に資するサービス

PART2 育児・教育

# 14 幼児教育・保育の無償化

3〜5歳までの子どもの施設利用料が無償に

もらえるお金 最大 **30.8** 万円／年（横浜市の場合）

 **内容**
2019年10月からはじまった制度です。幼稚園・保育所・認定こども園などを利用する3〜5歳までの子どもの施設利用料が無償に、0〜2歳までの子どもについては、住民税が非課税の世帯を対象に利用料が無償になりました。

 **対象者**
幼稚園、認可保育所、認定こども園などに通う3〜5歳の子ども。幼稚園、認可保育所、認定こども園などに通う住民税非課税世帯の0〜2歳までの子ども

 **ポイント**
- 認可外の施設に通っている場合は「保育必要性の認定」を自治体から受ける必要があり、補助額には上限が設けられている。
- 無償化の期間は、満3歳になった後の4月1日から小学校入学前までの3年間（幼稚園については、入園できる時期にあわせて満3歳から無償化）。
- 通園送迎費、食材料費、行事費などは対象外。ただし、年収360万円未満相当世帯の子どもと、すべての世帯の第3子以降の子どもについては、副食（おかず・おやつなど）の費用が補助される。

 **届け出先**：幼稚園、保育所などを通して各自治体

申請の手続きは、自治体が定めた「施設等利用給付認定申請書」を自治体のウェブサイトから入手し、記入後は通園する（予定の）施設に提出します。すでに通っている場合は手続きを必要としない自治体もあります。また幼稚園から申請書が配布されるケースもあるようです。

## 幼稚教育・保育の無償化の対象者

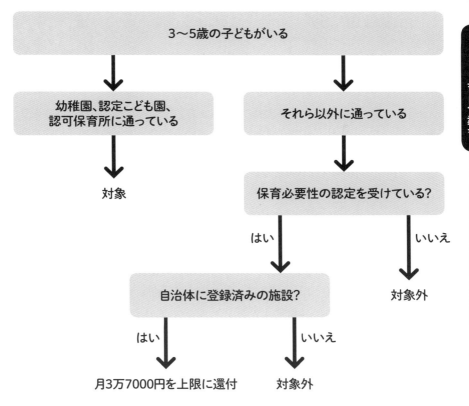

# 15 労災にあった人やその子どもへの教育費の支援
## 労災就学等援護費

もらえるお金
約**389**万円
（小学校1年〜大学4年）

**内容**
仕事中や通勤途中の事故などで亡くなったり、重度の障害を受けたり、長期療養をしたりしている場合、本人やその子の教育費の支払いが困難になることがあります。その際には、労災保険から「労災就学等援護費」が支給されます。

**対象者**
労災保険から「遺族（補償）年金」、障害等級1級〜3級の「障害（補償）年金」「傷病（補償）年金」（とくに重篤と認められる場合）のいずれかを受給しており、教育費の支払いが難しい人。年金給付基礎日額（障害を負う前6カ月の平均賃金で、諸手当を含む）が1万6000円を超えていないことが条件。遺族（補償）年金などはpart4やpart8を参照

**ポイント**
- 小学校、中学校、高等学校、専修学校、大学、通信制学校、保育園、幼稚園も対象となる。公共職業能力開発施設も訓練の種類や日数などの条件を満たせば利用できる
- 給付日額は学校などによって異なり、1人月額1万2000円〜3万9000円程度

**届け出先**：労働基準監督署

生活を支えている人に万が一のことが起きると、家計のダメージはとても大きく、子どもが学業を諦めざるをえなくなることもあります。労働基準監督署は多くの人にとってなじみのうすい役所ですが、該当する人はぜひ確認しましょう。

## 労災就学等援護費の給付額

| | 1人あたりの給付額 |
|---|---|
| 保育園・幼稚園 | 1万2000円 |
| 小学校 | 1万4000円 |
| 中学校 | 1万8000円<br>(通信制課程は1万5000円) |
| 高校等 | 1万8000円<br>(通信制課程は1万5000円) |
| 大学等 | 3万9000円<br>(通信制課程は3万円) |

# 16 日本学生支援機構の奨学金

返済不要、無利息、低金利の3種類

もらえるお金
**40〜180**
万円／年

**内容**
経済的な理由で進学が困難な場合に国がお金を給付、または貸与する制度です。独立行政法人日本学生支援機構（JASSO）が行っており、対象は大学、短期大学・専修学校、高等専門学校、大学院の学生で、貸与型では卒業後に本人が返済します。貸与型の金利は固定制で0.157％〜0.357％（2020年4月貸与分）程度で、銀行の教育ローンなどに比べて低金利です。

**対象者**
大学、短期大学・専修学校、高等専門学校、大学院に進学する学生

**ポイント**
- 返済不要の「給付奨学金」と、卒業後に学生本人が返済する「貸与奨学金」がある
- 「給付奨学金」は、経済的住民税非課税世帯など、経済的に余裕がない世帯の子どもが対象。2020年4月からは、入学金や授業料の免除・減額がある
- 「貸与奨学金」は、成績や収入などにより、無利息の「第一種奨学金」と利息付の「第二種奨学金」がある。金利は固定制と変動制があり、在学中は利息が付かない
- 異なる奨学金を併用することも可能
- 学費のほか、通学費や生活費にも利用できる

**届け出先**：入学前は在籍中の高校など、入学後は進学した大学など

低利とはいえ、返済は負担になります。安易に考えず、利用する場合は多く借り過ぎない、返済額を確認するなど、計画的に。

## 日本学生支援機構の奨学金の内容

### 給付奨学金

| 条件 | 住民税非課税およびそれに準ずる世帯<br>18歳時点で児童養護施設に入所していたなど<br>社会的養護が必要な人 |
|---|---|
| 給付月額 | 国公立…自宅通学 **2万9200**円、<br>　　　　自宅外通学 **6万6700**円<br>私立……自宅通学 **3万8300**円、<br>　　　　自宅外通学 **7万5800**円<br>世帯収入によって支援を受けられる額は異なる |

### 貸与奨学金

| | | |
|---|---|---|
| 第一種奨学金<br>（無利息） | 条件 | 特に優れた学生、<br>住民税非課税など収入の条件も |
| | 貸与月額<br>※大学の場合<br>※2020年度以降の給付奨学金とあわせて受けとる場合は異なる | 国公立…自宅通学 **4万5000**円、<br>　　　　自宅外通学 **5万1000**円<br>私立……自宅通学 **5万4000**円、<br>　　　　自宅外通学 **6万4000**円 |
| 第二種奨学金<br>（利息付） | 条件 | 成績が学年の平均以上など成績について、<br>収入の条件も |
| | 貸与月額 | **2万円**から**12万円**（1万円きざみで決定） |

※大学の場合
※第一種・第二種の申込者で一定の条件を満たせば、10万円〜50万円の一時金の貸与もある

# 17 教育一般貸付
### 高校、予備校の費用も低利で借りられる
（国の教育ローン）

トクするお金
利息分で
約61万円

| | |
|---|---|
| **内容** | 国の教育ローンで、銀行などの教育ローンより金利が低く、シングルマザーやシングルファーザー、低所得の世帯には金利優遇もあります。高校や大学のほか、予備校、海外留学など、幅広く利用できるのが特徴です。「日本学生支援機構の奨学金」と併用もできます。 |
| **対象者** | 高校、高等専門学校、特別支援学校の高等部、大学、短期大学、大学院、専修学校、予備校、職業能力開発校、外国の高等学校、大学、大学院などに進学する学生の保護者 |
| **ポイント** | ●借り入れ、返済するのは保護者<br>●高校、予備校などでも利用可能<br>●銀行の教育ローンなどに比べて低金利<br>●在学中は利息のみの支払いとすることもできる（元金据置）<br>●「日本学生支援機構の奨学金」と併用も可能 |
| **届け出先** | 入学前は在籍中の高校など、入学後は進学した大学など |

通常、申し込み完了後20日程度で入金されますが、入学シーズンは混雑で時間がかかることも。学校が決まる前でも申し込めますから、早めに手続きしましょう。

## 国の教育ローンの内容

| | |
|---|---|
| 融資限度額 | 子ども1人につき<br>**350**万円以内（海外の大学などに6カ月以上在籍の場合は450万円以内） |
| 金利 | **1.70**％（固定金利・保証料別。2020年5月1日現在） |
| 返済期間 | **15**年以内（金利優遇される世帯では18年以内） |

※在学中は利息のみの支払いも可能（元金据置）
※母子家庭、父子家庭、世帯年収200万円以内、
　または子どもが3人以上の世帯で世帯年収500万円以内なら1.3％

税金でトクする
制度 ……………… 2
# NISA
少額投資非課税制度

**預**金をしても、投資をしても、利子や利益には20.315％の税金がかかりますが、投資で得た利益が非課税になる制度があります。「NISA（少額投資非課税制度）」です。

証券会社などにNISA専用の口座をつくり、その口座に年間120万円までを最長5年間、合計600万円投資が可能。その分で得た利益が非課税になります。口座は1人につき、1口座のみです。

NISA口座で売買できるのは株式や投資信託で、新たに投資するものに限られます（ほかの口座で保有している株式などの移管はできない）。株式では配当金、投資信託では分配金、また売却して得た利益も非課税です。

ちなみに投資信託とは、多くの人から集まったお金をひとつにまとめ、たくさんの株式や債券などに投資する仕組みの投資商品です。得られた利益を分配金として受け取ったり、値上がりしたところで売却したりすれば売却益が得られます。

たとえば100万円で買った株式や投資信託を120万円で売却すると20万円の売却益（手数料は含まず）が得られ、約4万1000円の税金がかかりますが、NISA口座を利用すればゼロです。

非課税になるのは、投資した年から5年間ですが、5年経ったところで次の非課税枠に移すことで最大10年間、非課税で保有できます。口座開設ができるのは2023年までです。2024年から新NISAに変わります。

「つみたてNISA」という制度もあり（104ページ参照）、利用できるのはどちらか1つですが、まとまったお金を投資したい人や個別の株式に投資したいなら「NISA」が選択肢になりそうです。

# 住まい

PART 3

# 18 住宅取得等資金贈与の非課税

最高1200万円まで贈与税なし

**内容**

贈与を受けると贈与税がかかりますが、マイホームを取得したり、リフォームしたりするために両親や祖父母から資金の贈与を受けた場合は、一定額まで贈与税が非課税になります。

**対象者**

以下の条件を満たす人
- マイホームを取得またはリフォーム（費用が100万円以上）するために両親や祖父母から受けた資金の贈与
- 中古住宅では耐震性能がある築20年以内（マンションなど耐火構造では築25年以内）の住宅
- 贈与を受けた年の1月1日時点で20歳以上
- 贈与を受けた年の合計所得金額が2000万円以下
- 2009年〜2014年に「住宅取得等資金贈与の非課税」を受けていない
- 贈与を受けた翌年の3月15日までに居住か居住確実と見込まれる

**ポイント**

- 質の高い住宅の場合はより多くの金額が非課税に
- 建物の取得などにかかる消費税が税率10％の場合は、非課税枠がさらに拡大
- 夫、妻、それぞれの親や祖父母から贈与を受けた場合も非課税

**届け出先**：税務署（贈与を受けた翌年に確定申告。非課税でも必要）

---

消費税は2019年10月に10％になりました。住宅の引き渡しを受けた日が2019年10月以降でも、契約締結日が2019年3月31日までなら、消費税率8％で住宅が建てられます。

## 住宅取得等資金の贈与税の非課税枠

**消費税が8%の物件**

| 家屋の取得等の契約日 | 省エネ等住宅※ | それ以外 |
|---|---|---|
| 2016年1月1日～2020年3月31日 | 1200万円 | 700万円 |
| 2020年4月1日～2021年3月31日 | 1000万円 | 500万円 |
| 2021年1月1日～2021年12月31日 | 800万円 | 300万円 |

**消費税10%の物件**

| 家屋の取得等の契約日 | 省エネ等住宅※ | それ以外 |
|---|---|---|
| 2019年4月1日～2020年3月31日 | 3000万円 | 2500万円 |
| 2020年4月1日～2021年3月31日 | 1500万円 | 1000万円 |
| 2021年1月1日～2021年12月31日 | 1200万円 | 700万円 |

※断熱性、耐震性、高齢者配慮などの基準を満たす住宅

PART3 住まい

# 19 相続時精算課税

2500万円までの贈与について課税を猶予

## 内容

贈与を受けると贈与税がかかりますが、2500万円までの贈与には贈与税をかけず、将来、相続が発生したときに相続税として精算する、というのが「相続時精算課税」です。相続税がかからない場合は、贈与を受けた分についても非課税のままです。また贈与が2500万円を超える場合は超えた分について一律20％が課税され、それも相続時に精算します。

## 対象者

贈与する人は60歳以上の父母、祖父母。住宅取得資金を贈与する場合は年齢制限なし。贈与を受ける人は20歳以上の子・孫

## ポイント

- 2500万円までの贈与は、とりあえず非課税。2500万円を超える分は一律20％を課税
- 2500万円に達するまでは何度でも贈与を受けられる
- 将来、相続が発生（贈与した人が死亡）した際、相続財産に、贈与された額も加えて相続税の計算をする。相続税がかからない場合は、贈与された分もそのまま課税されない。相続税がかかる場合はその際に相続税として納める
- 住宅取得等資金贈与の非課税（P54）と併用できる

## 届け出先：税務署

> 相続税がかからない場合はとても有利。ただし相続税がかかるケースでは、かえって税負担が重くなることも。税理士さんに相談を。

## 相続時精算課税と暦年課税の違い

**暦年課税** … 贈与を受けた都度、贈与税を納めること
（贈与を受けた翌年に確定申告）
1年間に受けた贈与の合計が110万円までは非課税

> 一度、相続時精算課税を選択したら、暦年課税には戻れない

| | 相続時精算課税 | 暦年課税 |
|---|---|---|
| 贈与者<br>（贈与する人） | **60**歳以上※の<br>父母・祖父母 | 制限なし |
| 贈与を受ける人<br>（受贈者） | **20**歳以上※の<br>子・孫 | 制限なし |
| 非課税枠 | 贈与者ごとに累計<br>**2500**万円 | 受贈者ごとに毎年<br>**110**万円 |
| 非課税枠を超えた場合 | 一律<br>**20**% | 贈与額と贈与者により<br>**10**%～**55**% |

※贈与のあった年の1月1日時点の年齢

PART3 住まい

# 20 住宅購入時の消費税負担を緩和する
## すまい給付金

もらえるお金
**50万円**

**内容**
住宅の建物部分には消費税がかかります。消費税率が引上げられると住宅を購入する人の負担が増えるため、それを緩和するため「すまい給付金」が支給されます。

**対象者**
マイホームを取得した人で以下の条件を満たす人
- 返済期間5年以上の住宅ローンを借り入れたか、ローンを組まずに購入した50歳以上の人（現金取得者）
- 床面積が50㎡以上
- 収入が一定以下の人
- 2021年12月31日までに居住

**ポイント**
- 住宅ローン減税は税を控除するため、収入が低いほど効果が小さくなる。すまい給付金制度はそれを補うもので、収入が低いほど、給付金の額が多くなる
- 取得した時期の消費税率が8％の場合と、10％の場合とで給付金の額などが異なる。2019年9月以前の給付基礎額は最大30万円だったのが、10月以降は50万円になる
- 中古住宅を個人から買うなど、消費税が非課税の場合は対象外

**届け出先**：入居後、すまい給付金事務局に申請。郵送も可能

---

この制度を含め、住宅に関する多くの制度で、登記簿に記載の床面積が50㎡以上であることが条件となっています。登記簿の面積は広告に記載されている面積より少し小さいことが多いので取得前にしっかり確認を。

## すまい給付金の給付額

消費税率10%の場合（2019年10月以降）

| 収入額の目安 | 都道府県民税の所得割額 ※ | 給付基礎額 |
|---|---|---|
| 450万円以下 | 7万6000円以下 | **50**万円 |
| 450万円超<br>525万円以下 | 7万6000円超<br>9万7900円以下 | **40**万円 |
| 525万円超<br>600万円以下 | 9万7900円超<br>11万9000円以下 | **30**万円 |
| 600万円超<br>675万円以下 | 11万9000円超<br>14万600円以下 | **20**万円 |
| 675万円超<br>775万円以下 | 14万600円超<br>17万2600円以下 | **10**万円 |

※現金取得者の収入額の目安は650万円（所得割額は13万3000円）

給付基礎額に持ち分割合（登記簿に記載された住宅の持ち分）を掛けた額が給付される

PART3 住まい

# 21 住宅ローン控除
## （住宅借入金等特別控除）

最長10年間、住宅ローン残高に応じて所得税が軽くなる

トクするお金
13年間で最大
**650万円**

 **内容**

マイホームの取得やリフォームのために住宅ローンを利用すると、年末時点の残高に応じて所得税が軽減（納めた所得税が還付）されます。控除される期間は最長10年間で、その期間は所得税がほぼゼロになるケースも。1年目は自身で確定申告します。

 **対象者**

マイホーム取得、リフォームのために住宅ローンを返済中の人で以下の条件を満たす人
- 住宅ローンの返済期間が10年以上
- 床面積が50㎡以上
- 新築、または耐震性能がある築20年以内（マンションなど耐火構造では築25年以内）の中古住宅の取得。リフォームの場合は一定の要件がある
- 所得が3000万円以下
- 取得から6カ月以内に居住し、12月31日まで居住している
- 2021年12月31日までに住み始めた人が対象

 **ポイント**

- 控除の内容はマイホームの取得時期やリフォーム時期により異なる。耐震性などの水準が高い認定住宅では控除が大きい
- 控除される額は納めた所得税が上限。控除しきれない分は翌年の住民税から控除される
- 会社員は所得税が源泉徴収されているので、控除を受けると、納め過ぎた分が還付される

 **届け出先**：1年目は税務署（確定申告）、2年目以降は年末調整

> 控除額の上限は40万円（認定住宅では50万円）なので、納めた所得税や住民税の還付も同額です。

## 住宅ローン控除の控除額

| | 1年間の控除額の上限 | 13年間での最大控除額 |
|---|---|---|
| 一般住宅 | 40万円 | 520万円 |
| 認定住宅 | 50万円 | 650万円 |

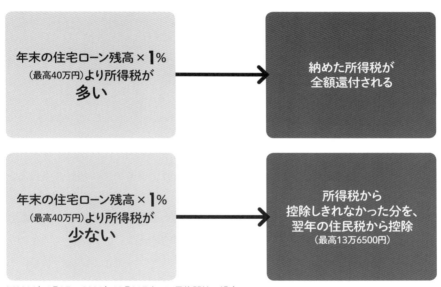

年末の住宅ローン残高 × 1%（最高40万円）より所得税が **多い** → 納めた所得税が全額還付される

年末の住宅ローン残高 × 1%（最高40万円）より所得税が **少ない** → 所得税から控除しきれなかった分を、翌年の住民税から控除（最高13万6500円）

※2014年1月1日〜2021年12月31日までに居住開始の場合
※2019年10月からの消費税率10%への引き上げ対策として、減税制度が拡充されました。それにより住宅ローンの控除期間が10年から13年間へと3年間延長されています。
※上記の適用期間は2019年10月1日から2020年12月31日までの間に入居した場合になります。なお、控除期間11年目から13年目までの控除限度額は、以下のいずれか小さい額が適用になります。
・借入金年末残高（上限4000万円）×1%
　建物購入金額（上限4000万円）×2%÷3

# 22 耐久性や省エネ性のある住宅なら現金購入でも所得税を軽減
## 認定住宅新築等特別税額（投資型減税）

トクするお金 最大**65万円**が減税

**内容**
耐久性や省エネルギー性に優れた住宅を自己資金のみで取得した場合に「投資型減税」によって一定の額が所得税から控除されます（納めた所得税が還付されます）。住宅ローンを利用してマイホームを取得すると「住宅ローン控除」が利用できますが、こちらは自己資金のみで取得した人が利用できます。

**対象者**
以下の条件を満たす人
- 認定長期優良住宅または認定低炭素住宅を取得した人
- 新築または新築住宅の取得
- 床面積が50㎡以上
- 所得が3000万円以下
- 取得から6カ月以内に居住

**ポイント**
- 会社員は所得税が源泉徴収されているので、控除を受けると、納め過ぎた分が還付される
- 控除される額は納めた所得税が上限。控除しきれない分は翌年の所得税から控除される（1年限り）

**届け出先**：税務署（確定申告）

2019年10月より「次世代住宅ポイント制度」がはじまりました。これにより、エコ住宅や耐震住宅など一定性能を備えた住宅の取得やリフォームをした人には、商品などと交換できるポイントが付与されます。ポイントは1戸あたり新築で最大35万ポイント（35万円分）、リフォームで最大30万ポイント（30万円分）です。商品交換期間は2019年10月1日〜2020年6月30日になります。

## 認定住宅新築等特別税額控除の控除額

[ 掛かり増し費用 **4万3800円** (住宅の性能強化に必要な、標準的な掛かり増し費用。650万円まで) ] × [ 床面積（㎡） ] × [ **10**% ]

= 控除額 (最大65万円)

# 23 住宅リフォーム助成

安全に長く住むための改修を自治体が支援

もらえるお金
**30万円**
（東京都・大田区の例）

 **内容**
築年数が経てば、建物に気になる箇所が出てきたり、暮らしに合わなくなったりと、リフォームが必要になることも少なくありません。多くの自治体では、マイホームのリフォームをする際、費用の一部を助成する制度を設けています。

 **対象者**
マイホームを所有しており、そのリフォームを行う人

 **ポイント**
- 自治体が定める内容のリフォームを行う場合に助成の対象となる。おもにバリアフリー、環境への配慮、防犯・防災対策、長寿命化、アスベスト除去など
- 地元（同じ市区町村）の業者に工事を依頼すること

**届け出先** ： 市区町村

先に工事を進めてしまうと対象にならないのが一般的です。リフォームが必要と思ったら、まずは自治体に問い合わせを。バリアフリー工事などは「介護保険」（164-167ページ参照）が利用できる場合もあります。

## 助成対象になるリフォームの内容と助成額の上限

東京都大田区／大田区住宅リフォーム助成事業の例

| 工事内容 | 助成額 | 上限額 |
| --- | --- | --- |
| バリアフリー、環境への配慮、防犯・防災対策、住まいの長寿命化に該当するリフォーム工事 | 助成対象額※の **10**% | **20**万円 |
| 区のほかの助成制度・保険給付制度を活用したリフォーム工事 | 助成対象額※の **5**% | **10**万円 |
| 耐震化工事 | 助成対象額※の **10**% | **20**万円 |
| 耐震化工事 | 助成対象額※の **10**% | **30**万円 |
| 吹付アスベスト除去工事 | 実際の工事費用(税抜)の **10**% | **50**万円 |

※助成対象額……標準工事費を合算した額または総工事費用（税抜き）のいずれか低い額

# 24 耐震診断費用助成・耐震補強工事費助成

住宅の耐震診断、耐震補強の費用を助成

もらえるお金
**100万円**
（世田谷区の場合）

**内容**
巨大地震によって数々の被害が起きており、自宅の安全性は強化したいところ。とくに耐震性が懸念される1981年5月31日以前に着工された旧耐震基準の住宅については、全国の自治体が耐震診断にかかる費用や補強のための設計費用、耐震補強工事費用などの助成を行っています。

**対象者**
マイホームを所有している人。旧耐震の建物を対象としている自治体が多い

**ポイント**
- 耐震診断を行い、倒壊の危険性をチェック
- 倒壊の危険性がある建物について耐震改修の費用を助成
- 助成内容や対象は自治体によって異なる

**届け出先**
市区町村

自治体が業者を指定しているケースが多く、別の業者に依頼したり、申請せずに工事を行ったりしてしまうと、助成が受けられないケースも。まずは自治体に問い合わせましょう。

## 耐震診断と耐震改修費用助成の例

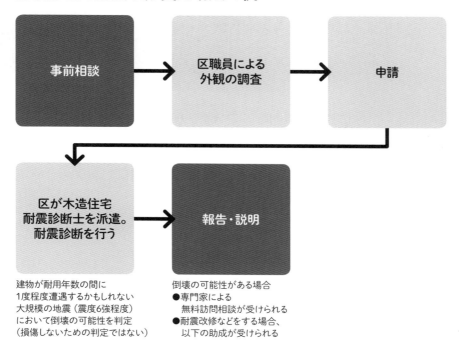

## 耐震診断後の助成対象と助成額の上限

| | |
|---|---|
| 補強設計費用 | **30**万円 |
| 耐震改修工事費 | **100**万円 |
| 簡易改修工事費 | **80**万円 |
| 不燃化耐震改修工事 | **100**万円 |
| 不燃化建替え費 | **100**万円 |

※東京都世田谷区木造住宅の耐震化支援事業

## 25 住宅ローンを利用した改修工事をすると所得税を軽減

# 特定増改築等住宅借入金等特別控除

トクするお金 最大 **62.5万円** が減税

**内容**
住宅ローンを利用してマイホームにバリアフリー改修工事や省エネ改修工事、多世帯同居改修工事を含む増改築（特定の増改築等）を行う場合に利用できる制度。住宅ローン残高などに応じた額が、最長5年間、所得税から控除されます。

**対象者**
以下の条件を満たす人
- リフォーム後の床面積が50㎡以上
- リフォームによって一定の基準を満たすこと
- 合計所得金額が3000万円以下
- 2021年12月31日までに居住
- リフォームなどのために5年以上のローンを組んだこと
- 費用が50万円超であること

**ポイント**
- 控除期間は5年間
- 住宅ローンを利用した場合に適用される「住宅借入金等特別控除」（60ページ）や、「住宅特定改修特別税額控除」（70ページ参照）との併用は不可。いずれかひとつを選ぶ

**届け出先**：税務署（確定申告）

増築や改修した場合などでも住宅ローンの控除が受けられます。リフォーム控除ともいいます。住宅ローンかどちらか有利な方を選びましょう。

## 特定増改築等住宅借入金等特別控除の控除額

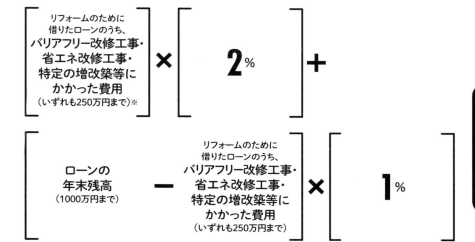

= 控除額（最高12万5000円）

※バリアフリー改修工事について自治体からの助成金や介護保険からの給付があった場合はそれを差し引く。
　省エネ改修工事で太陽光発電設備設置工事が含まれる場合は350万円が限度

# 26 ローンを利用しないリフォームでも税負担が軽くなる
## 住宅特定改修特別税額控除

**内容**
マイホームにバリアフリー改修工事や省エネ改修工事を含むリフォーム工事をした場合や耐震改修や省エネ改修と併せて耐久性向上改修をした場合に、費用の一部が所得税から控除される制度です。住宅ローンを利用した、しない場合にも利用できますので、自己資金のみで改修した人も所得税の負担が軽くなります。

**対象者**
以下の条件を満たす人
- リフォーム後の床面積が50㎡以上
- バリアフリー改修や省エネ改修の工事の内容が一定の要件を満たすこと
- 合計所得金額が3000万円以下
- 2021年12月31日までに居住
- 費用が50万円超であること

**ポイント**
- バリアフリー改修工事の改修額20万円まで
- 省エネ改修工事の改修額25万円まで(太陽光発電設置工事が含まれる場合は35万円まで)

**届け出先**:税務署(確定申告)

> リフォーム減税の制度はバリアフリー、省エネ、耐震がありそれぞれ併せて適用することができます。

## 住宅特定改修特別税額控除の控除額[※1]

[ バリアフリー改修工事の標準的な費用（200万円まで）または省エネ改修工事、耐震改修工事、耐久性向上改修工事の標準的な費用（250万円まで）[※2] ] × [ **10**% ] = 控除額

※1 2014年4月1日～2021年12月31日までに居住の場合
※2 工事について助成金などを受けた場合はその額を引く。
　　省エネ改修工事で太陽光発電設備設置工事が含まれる場合は350万円が限度。
　　耐震改修、省エネ改修と併せて耐久性向上改修をした場合は
　　500万円（太陽光発電設備設置工事が含まれる場合は600万円）が限度

# 27 住宅耐震改修特別控除

耐震性を高める工事をすると所得税が安くなる

トクするお金 最大 **25万円** が減税

**内容**: 1981年5月31日までに建築されたマイホーム（旧耐震）に耐震改修工事をすると、所得税が控除されます。住宅ローンを利用した場合も、しない場合も利用できます。

**対象者**: 以下の条件を満たす人
- ●耐震改修によって一定の耐震基準を満たすこと
- ●2021年12月31日までに居住

**ポイント**:
- ●多くの自治体では耐震改修に対して助成金を給付している。給付金を受け取った場合も、「住宅耐震改修特別控除」を利用できるので、両方を利用すればおトク度が高くなる（ただし、助成金の分は控除の対象から外れる）
- ●住宅ローンを利用した場合に適用される「住宅借入金等特別控除」（60ページ参照）とダブルで受けることもできる（ただし、2014年4月以降に耐震基準などに満たない住宅を取得し、耐震改修を行って「住宅借入金等特別控除」を受けられるようになった場合は、この制度は利用できない）

**届け出先**: 税務署（確定申告）

市区町村で住宅耐震改修証明書の発行をしてもらいます。詳しくは税務署に問い合わせましょう。

## 住宅耐震改修特別控除の控除額[※1]

[ 住宅耐震改修工事の標準的な費用[※2] ] × [ 10% ] = 控除額（最高25万円）

※1 2014年4月1日～2021年12月31日までに居住の場合
※2 工事について助成金などを受けた場合はその額を引く

PART3 住まい

# 28 特定優良賃貸住宅（特優賃）

良質な賃貸住宅に家賃補助付きで住める

トクするお金 最大20年家賃を補助

**内容**：国の基準を満たす賃貸住宅で、自治体からの家賃補助があるのが、「特定優良賃貸住宅（特優賃）」です。ファミリー層を対象にしている物件が多く、専有面積が広め、収納スペースが多い、トイレや浴室、玄関に手すりが設置されているなど、質の高い家に、補助を受けながら住むことができます。しかも礼金、更新料がかからないなどのメリットも。東京都では「都民住宅」と呼ぶなど、自治体によって名称が異なることもあります。

**対象者**：家賃補助を受けるには所得に制限がある

**ポイント**：
- 自治体や物件により、所得基準が異なる。中堅所得者層向け。東京都の場合、会社員の3人家族で所得316万円程度の世帯から入居できる
- 礼金、更新料は不要。公社や指定の管理者に申し込む場合は仲介手数料もかからない（仲介業者に申し込む場合は必要なこともある）。家賃の3カ月分の敷金がかかる
- 夫婦や親子など、家族を対象にした物件が中心（東京都にはないが、自治体によっては単身者向けの物件もある）
- 入居直後の家賃補助を多くし、毎年2〜3.5％程度、入居者負担が増えていく「傾斜型」が多い。20年程度で補助が終了するパターンが主流

**届け出先**：市区町村や管理指定法人など

家賃補助が受けられる期間が決まっているので、家賃が安く済んだ分は貯蓄しておくなど、将来のことも視野に入れておきましょう。

# 家賃補助の仕組み

傾斜型の場合

家賃補助金

入居者が支払う家賃
- ●入居者が実際に毎月支払う家賃
- ●所得区分、住宅の管理年数、契約家賃により決定
- ●毎年入居した月に2〜3.5%上昇

契約賃貸
=補助が出る前の家賃
（約2年毎に見直しあり）

# 29 家賃助成・住み替え助成

都市部や過疎地の自治体が定住者を呼び込むために家賃を補助

もらえるお金
**94万円**
（東京都・新宿区の場合）

**￥ 内容**
都市部、また人口減少に悩む地域では、定住者を増やすなどの目的で家賃補助を行う例があります。助成の対象は子育て中のファミリー層、新婚世帯など、自治体によってさまざま。別の自治体から転入する世帯が対象になるケースが多いですが、自治体内の住み替えでも適用になる例があります。

**対象者**
自治体によって異なる。所得制限が設けられていることが多い

**ポイント**
- 別の自治体からの転入だけでなく、自治体内での転居でも助成される例がある
- 所得や家族構成、子どもの年齢などに制限が設けられていることが多い。家賃について上限が決まっている例も
- 自治体ごとに予算に上限があり、上限に達すると募集が締め切られたり、抽選になったりするケースも
- 家賃だけでなく、引っ越し費用が助成される例もある
- 家賃補助は一般的に一定期間のみ

**届け出先** ： 市区町村

家賃は家計費の中でも比率が高く、その一部でも補助が受けられると家計も助かりますね。

## 家賃助成の例

東京都新宿区／子育てファミリー世帯居住支援（次世代育成転居助成）

| | |
|---|---|
| 助成額 | ❶ 転居前後の家賃差額（月額最高3万5000円）<br>❷ 引越し代の実費で、最大**10**万円<br>（引越し荷物の搬送代で、引越し業者に依頼した場合に限る） |
| 助成期間 | ❶ の家賃差額助成は最長**2**年間<br>❷ の引越し費用は、一括支給 |
| 募集数 | **50**世帯（募集期間を3期に分け、各期ごとの先着順） |
| その他 | 助成金は課税所得となり、所得税等の申告が必要となる場合がある |

※2020年3月31日募集まで
※新たな住居の賃貸借契約を締結する前に「予定登録申請」が必要

# 30 安全かつ環境にも優しい「緑化」を自治体が支援
# 生垣緑化助成

トクするお金
**25万円**
（世田谷区・生垣植栽帯
シンボルツリー助成を
合わせた限度額）

**内容**　コンクリートやアスファルトが多い地域はエアコンの室外機などで熱がこもり、ヒートアイランド現象が起こりがち。またブロック塀は大地震で倒壊する恐れもあります。そこでブロック塀を生垣にするといった緑化をする際、助成金を交付する自治体もあります。

**対象者**　自治体によって、緑化の内容などに条件がある

**ポイント**　●資材の購入や工事の発注前に申請する必要がある

**届け出先**　市区町村

## 生垣緑化助成金の例
東京都世田谷区／生垣・花壇・シンボルツリー、屋上・壁面緑化助成の例

| | |
|---|---|
| 生垣助成 | 低木（樹高0.6メートル以上1.0メートル未満）1メートルあたり<br>**6000円**まで |
| 花壇助成 | 植ます縁石　1メートルあたり<br>**2500円**まで |
| シンボルツリー助成 | 中木（樹高1.5メートル以上2.5メートル未満）1本あたり<br>**1万2000円**まで |

生垣造成に伴う既存のブロック塀撤去の助成もあります。自治体によって異なります。

# 病気 けが

PART 4

# 31 高額療養費制度

100万円の医療費がかかっても
自己負担は9万円程度

トクするお金
約21万円
（医療費100万円の場合）

 **内容**
1カ月の医療費の自己負担分が一定の額を超えた場合、超えた分が健康保険から給付される制度です。入院手術で100万円かかり、3割負担で30万円払ったとしても、一般的な所得の会社員では約9万円が自己負担限度額で、約21万円が払い戻されます。

 **対象者**
健康保険に加入している人で、1カ月の医療費（自己負担分）が自己負担限度額を超えた場合

 **ポイント**
- 医療費の額は、医療を受けた人ごと、医療機関ごと（さらに外来と入院では別、医科と歯科は別）に計算され、それぞれで合計が自己負担限度を超えた場合に給付の対象になる
- 1カ月とは各月の1日～月末まで。1月20日～2月10日の入院で1月分が5万円、2月分が5万円といった場合、高額療養費の対象にならない（一般的な所得の会社員の例）
- 1カ月の自己負担額は年齢と所得によって異なる（70歳以上の自己負担額は162ページ参照）
- 自己負担限度額を超える月が多いと自己負担限度額が低くなる「多数該当」や、家族の医療費を合算できる「世帯合算」もある
- 事前に「限度額認定証」を提出すれば、窓口での支払いが自己負担限度額までで済む

 **届け出先**
会社員は勤務先を通じて健康保険組合・協会けんぽの各都道府県支部・国民健康保険加入者は市区町村（限度額認定証も同様）

> 健康保険組合によっては自己負担限度額がさらに低い場合や、差額ベッド代が給付される例も（付加給付）。医療保険がなくても問題ない人もいるでしょう。

## 高額療養費の自己負担限度額

70歳未満の場合

| 標準報酬月額 | 自己負担限度額 | 多数該当の場合 |
|---|---|---|
| 83万円以上 | 25万2600円＋(総医療費−84万2000円)×1% | 14万100円 |
| 53万円〜79万円 | 16万7400円＋(総医療費−55万8000円)×1% | 9万3000円 |
| 28万円〜50万円 | 8万100円＋(総医療費−26万7000円)×1% | 4万4400円 |
| 26万円以下 | 5万7600円 | 4万4400円 |
| 市区町村民税の非課税者など | 3万5400円 | 2万4600円 |

**世帯合算**
ひとつの医療機関(外来と入院は別に計算)で1カ月の自己負担額が2万1000円以上の分は、家族で合算できる。合算した額が自己負担限度額を超えれば、高額療養費が給付される

直近12カ月で3回以上、自己負担限度額を超えると、4回目からは「多数該当」として自己負担限度額が低くなる

PART4 病気・けが

# 32 病気やケガで休業しても最長1年6カ月は収入の3分の2が保障される
## 傷病手当金

もらえるお金
約**40**万円
（月収30万円・60日休んだ場合）

**内容**　健康保険の加入者が病気やケガで仕事を休むと、健康保険から「傷病手当金」が支給されます。支給額は給料の3分の2程度で、休業4日目から最長で1年6カ月。自宅療養でも対象になります。ある程度、収入が保障されるので、一定の安心感があります。

**対象者**　健康保険に加入していて、連続して3日間（待期）の後、4日目以降の仕事に就けなかった（休業した）人。医師の意見書が必要

**ポイント**
- 休業から3日間は待期期間で、4日目から最長1年6カ月支給
- 待期3日間は連続していること。有給休暇、土日・祝日等の公休日も含まれるため、給料の支払いがあったかどうかは関係がない
- 支給額は標準報酬日額の3分の2
- 4日目以降の休業中に会社から給料が支払われる場合、給料が「傷病手当金」より少なければ、その差額が支給される
- 障害者の認定を受け、「障害年金」（86-89ページ参照）や「障害手当金」（90ページ参照）が支給される場合、それらが「傷病手当金」より少なければ、その差額が支給される
- 1年6カ月の間に復職し、再度休業した場合、支給期間は最初の休業からの1年6カ月で、延長はされない（再度休業した日から1年6カ月ではない）

**届け出先**　：勤務先を通じて健康保険組合・協会けんぽに申請

> 自営業の人（国民健康保険加入者）にはなく、健康保険独自のありがたい制度です。パート勤務でも健康保険に加入すれば給付の対象になります。

# 病気やケガで会社を休むと健康保険から給付がある

**傷病手当金**
療養のため労務不能で給与が受けられないとき、休業4日目から1年6カ月の間1日あたりの給料(標準報酬日額)の3分の2が支給される

月収30万円の人が60日休業した場合

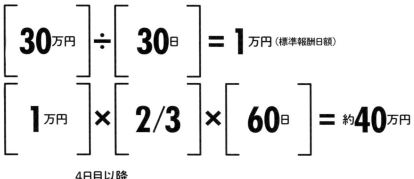

# 33 難病医療費助成制度

指定の難病にかかった場合は医療費が助成される

| | |
|---|---|
|  内容 | 原因不明で効果的な治療方法が見つかっていない病気を難病といいます。指定する333の難病について、重症の患者、また直近12カ月にその治療のための医療費（自己負担額）が3万3330円を超える月が3カ月以上ある患者に医療費が助成されます。 |
|  対象者 | 指定の難病にかかっていて、病状の程度が一定以上の人や、医療費の自己負担が一定の額を超える人 |
|  ポイント | ●医療費の自己負担額が3割の人は2割に軽減<br>●医療費や一部の介護サービスに関する費用について、自己負担上限額を設け、それを上回る分を助成<br>●医療費については、診療、調剤、居宅での療養上の管理、看護などが対象。介護については訪問看護、訪問リハビリ、居宅療養管理指導、介護療養施設サービスなどが対象になる<br>●医療費助成とは別に、「障害者総合支援法」の対象となっている難病の場合、日常生活用具費の支給や補装具費の支給などが受けられる |
|  届け出先 | 市区町村 |

> 長期間の療養は患者にとって大きな負担です。せめて、お金のことだけでも負担を減らしたいもの。症状が軽くて難病医療費助成が受けられない人でも、1年間に難病の治療に1カ月あたり3万3330円（自己負担3割の人では自己負担額1万円）を超える月が3回以上あれば「軽症者の特例」によって助成が受けられる場合があります。自治体に問い合わせを。

## 医療費助成における自己負担上限額（月額）

| 住民税の額 | | 自己負担額 一般 | 自己負担額 高額かつ長期※ | 人工呼吸器等装着者 |
|---|---|---|---|---|
| 生活保護世帯 | | 0円 | 0円 | 0円 |
| 非課税 | 本人年収80万円以下 | 2500円 | 2500円 | 1000円 |
| 非課税 | 本人年収80万円超 | 5000円 | 5000円 | 1000円 |
| 7万1000円未満 | | 1万円 | 5000円 | 1000円 |
| 7万1000円以上 25万1000円未満 | | 2万円 | 1万円 | 1000円 |
| 25万1000円以上 | | 3万円 | 2万円 | 1000円 |
| 入院時の食費 | | 全額自己負担 | | |

※「高額かつ長期」とは、月ごとの医療費総額が5万円を超える月が年間6回以上ある人
（2割負担の人の場合、医療費の自己負担額が1万円を超える月が年間6回以上）

PART4 病気・けが

# 34 障害年金 ① (種類)

一定の障害を受けた人に支給

もらえるお金
約**98**万円
（障害基礎年金1級）

###  内容

年金の被保険者が障害者になり、障害認定を受けると、「障害年金」が支給されます。国民年金から支給される「障害基礎年金」と、厚生年金から支給される「障害厚生年金」があり、障害の程度などによって支給される種類や金額が異なります。

### 対象者

年金の被保険者で、障害があり以下いずれかの条件に該当する人
- 初診日に65歳未満であること
- 初診日の前々月において、年金加入期間のうち、3分の2以上の期間、保険料を納めている（保険料免除期間を含める）。または、直近の1年間、保険料を滞納していない
- 障害認定日（初診日から1年6カ月以上経過した日または治癒した日）に障害等級に該当している

<障害認定基準>
1. 外部障害／眼、聴覚、肢体（手足など）の障害など
2. 精神障害／統合失調症、うつ病、知的障害、発達障害など
3. 内部障害／呼吸器、心、腎、肝などのがんなど

### ポイント

- 初診日の時点で国民年金被保険者か、厚生年金被保険者かで、受け取れる障害年金の種類が異なる
- 「子の加算」、厚生年金被保険者で配偶者がいる場合は「加給年金」（152ページ参照）がある

###  届け出先

国民年金被保険者は市区町村
厚生年金被保険者は年金事務所

---

自営業の方など、年金保険料の滞納は危険。経済的に納付が厳しい場合は、保険料免除の申請などをしてください。

## 等級別の障害の状態

| 障害等級 | 障害認定基準（障害の状態） |
| --- | --- |
| 1級 | 他人の介助を受けなければほとんど自分の用を弁ずることができない程度 |
| 2級 | 必ずしも他人の助けを借りる必要はないが、日常生活は極めて困難で、労働により収入を得ることができない程度 |
| 3級 | 労働が著しい制限を受けるかまたは労働に著しい制限を加えることを必要とする程度 |

## 障害年金の種類

| | 国民年金被保険者 | 厚生年金被保険者 |
| --- | --- | --- |
| 1級障害 | ●障害基礎年金<br>●子の加算 | ●障害厚生年金<br>●配偶者の加給年金<br>●障害基礎年金<br>●子の加算 |
| 2級障害 | | |
| 3級障害 | なし | ●障害厚生年金 |
| 3級障害より軽い障害 | なし | ●障害手当金（一時金） |

# 35 障害の等級、収入、働いた期間などで金額が決まる
## 障害年金❷（金額）

もらえるお金
約 **221**万円／年
（月収30万円の会社員〈妻・子1人〉1級の場合）

**内容**

障害年金の金額は、受け取れる年金の種類、障害の等級、子どもの有無、また厚生年金被保険者では標準報酬月額によって異なります。等級が高いほど（障害が重いほど）、収入が多かった人ほど、子どもがいる人ほど、年金の額が多くなります。また厚生年金被保険者の場合、働いた期間が短い人にも一定の額が給付される仕組みになっています。

**対象者**

86ページ参照（障害年金❶と同様）

**ポイント**

- 障害厚生年金の額は収入や被保険者期間によって異なる。若い人（被保険者期間が短い人）は額が少なくなってしまうため、25年加入していたものとして計算される
- 「子の加算」が受けられるのは、子ども（18歳になってから最初の3月31日を迎えていない子。障害等級1級または2級の20歳未満の子）がいる場合
- 「配偶者加給年金」は、障害を受けた人に生計を維持されている65歳未満の配偶者がいる場合に支給（配偶者が老齢厚生年金加入期間20年以上、障害年金などを受け取っている場合を除く）

**届け出先**

国民年金被保険者は市区町村
厚生年金被保険者は年金事務所

初診日に厚生年金加入者であれば、そのあと会社を辞めても障害厚生年金が支給されます。

## 会社員・公務員の障害年金額（2020年度）

|  | 1級 | 2級 | 3級 |
|---|---|---|---|
| | 障害厚生年金<br>月収×2.1※1×1.25 | 障害厚生年金<br>月収×2.1※1 | |
| | 配偶者の加給年金<br>22万4900円 | 配偶者の加給年金<br>22万4900円 | |
| 自営業はこの部分のみ | 障害基礎年金<br>97万7125円 | 障害基礎年金<br>78万1700円 | 障害厚生年金<br>月収×2.1※1<br>（最低保障額 58万6300円） |
| | 子の加算※2<br>22万4900円など | 子の加算※2<br>22万4900円など | |

※1　2.1≒1000分の7.125×300月
※2　子ども2人まで1人22万4900円。3人目以降7万5000円

## 障害年金受給額の例

|  | 1級 | 2級 | 3級 |
|---|---|---|---|
| 自営業者<br>（妻・子ども1人） | 120万2025円<br>（月額約10万円） | 100万6600円<br>（月額約8万4000円） | ― |
| 年収450万円の会社員<br>（妻・子ども1人）<br>※月収30万円で計算 | 221万4425円<br>（月額約18万5000円） | 186万1500円<br>（月額約15万5000円） | 63万円<br>（月額約5万3000円） |

# 36 障害手当金

厚生年金被保険者で
障害等級3級未満の人に支給

トクするお金
最低でも
約**117**万円

**¥ 内容**

障害等級1〜3級には該当しないものの、軽い障害が認められる人には、一時金として「障害手当金」が支給されます。ただし、厚生年金被保険者のみの給付で、国民年金被保険者には給付されません。

**対象者**

厚生年金の被保険者で、障害等級1〜3級に満たないものの、障害のある人で、以下の条件に該当する人
- 初診日に、厚生年金被保険者だった
- 初診日の前々月までに、年金加入期間のうち、3分の2以上の期間、保険料を納めている(保険料免除期間を含める)。または直近の1年間に滞納していない
- 症状が治った日(症状にそれ以上の改善が期待できない状態。初診日から5年以内)に一定の障害の状態にあること

**ポイント**

- 障害年金とは異なり、支給されるのは1回
- 金額は収入や被保険者期間によって決まるが、期間が短い場合は25年加入したものとして計算されるほか、最低保障額がある

[3級の障害厚生年金（月収×2.1）] × [2] = 障害手当金

89ページ参照

最低保障額
**117万2600円**
（2020年度価額）

**届け出先**: 年金事務所

症状が治った日から5年以内に請求しましょう。5年を経過してしまうと受け取れません。

# 37 障害年金の受給条件に満たない人への福祉的措置
## 特別障害給付金

トクするお金
障害年金1級で約 **5** 万円/月

**内容**
障害認定を受けても、国民年金に加入していなかった人は障害年金が支給されません。しかし福祉的措置として、一定の条件を満たす人には「特別障害給付金」が支給されます。

**対象者**
- 1991年3月以前に国民年金任意加入対象だった学生
- 1986年3月以前に国民年金任意加入対象だった人の配偶者

のいずれかで、任意加入していなかったときに初診日があり、障害基礎年金の1級または2級相当の人

**ポイント**
- 本人の所得が一定額以上ある場合は支給額の全額または半額が停止される場合がある
- 老齢年金、遺族年金、労災補償などを受給する場合には、その受給額分を差し引いた額を支給

**届け出先**：市区町村

### 特別障害給付金の支給額（2020年度）

| 障害基礎年金 | 1級相当 | 月額 **5**万**2450**円 |
|---|---|---|
| | 2級相当 | 月額 **4**万**1960**円 |

給付金は請求月の翌月分から支給されます。申請書類が一式揃っていなくても請求書は受け付けてくれるので、まずは請求しましょう。

# 38 療養補償給付

仕事中の病気やケガによる医療費を全額給付

治療費が**無料**

### 💴 内容
仕事中や通勤途中にケガをしたり、仕事が原因で病気になったりした場合には、健康保険ではなく労災保険の「療養補償給付」により、自己負担なしで治療が受けられます。治療日、入院費、移送日など、療養に必要な費用が給付され、病気やケガが治癒（症状が固定）するまで適用されます。

### 👤 対象者
仕事中や通勤途中にケガをしたり、仕事が原因で病気になったりした人

### ☀ ポイント
- 給付が受けられるのは、労災指定医療機関（労災病院、労災保険指定病院）で治療を受けた場合のみ。それ以外の医療機関で治療した場合は適用されない
- 労災指定医療機関（労災病院、労災保険指定病院）においては、無料で治療や薬の支給が受けられる（現物支給）
- 労災指定医療機関が近くにないなど、労災指定医療機関以外の医療機関で治療を受けた場合には、かかった費用があとから支給される現金支給となる。その場合、治療費などの全額をいったん自身で払い、給付を申請する必要がある

### 📄 届け出先
労働基準監督署

---

いったんでも医療費を全額立て替えるのは負担が重いものです。労災指定医療機関がどこにあるか、把握しておくといいですね。

# 39 休業補償給付

仕事が原因の休業は
無期限で日給の8割を補償

もらえるお金
賃金
**8割支給**

 **内容**
病気やケガで会社を休むと「傷病手当金」(82ページ参照)が受けられますが、病気やケガが仕事中や通勤途中のもの(業務上災害・通勤途上災害)であった場合には、傷病手当金ではなく、より手厚い「休業補償給付」が支給されます。

 **対象者**
業務上の病気やケガの療養中で働くことができず、休業中、賃金が支給されない人

**ポイント**
- 労災保険で日給(給付基礎日額)の6割を補償。さらに特別支給として2割が上乗せされ、合計8割の額が支給される
- 補償額は非課税
- 支給期間は休業4日目からだが、連続3日休業ではなく、通算3日の休業を経て4日目の休業でも可。また業務が原因の病気、ケガの場合、その3日については、事業主から日給の6割が支払われる(通勤が原因の場合は支給なし)
- 支給について日数の制限はない。1年半経過したとき、症状によってはより手厚い「傷病補償年金」(94ページ参照)に切り替わるが、該当しない場合は「休業補償給付」の支給が続く

 **届け出先**：労働基準監督署

PART4 病気・けが

傷病手当金(82ページ参照)より手厚い給付が受けられます。会社は労災と認めたがらないケースがありますが、しっかり交渉しましょう。

# 40 傷病補償年金
### 1年半以上の療養でも年金を給付

もらえるお金
約**490**万円
（月給30万円・1級の場合）

 **内容**
「休業補償給付」（93ページ参照）を受けはじめて、1年6カ月経っても治らない場合など、病気やケガの程度が労災保険の定める傷病等級1級～3級に該当する場合には、労災保険の「傷病補償年金」が支給されます。

 **対象者**
仕事中や通勤途中にケガをしたり、仕事が原因で病気になったりして、治療開始から1年6カ月経過後、傷病等級1級～3級に該当する人（障害が残ったというのではなく、傷病が治っていない状態）

 **ポイント**
- 「傷病補償年金」の支給を受けはじめても、無料で治療費が受けられる「療養補償給付」（92ページ参照）の支給は続く
- 「傷病補償年金」が支給されると、「休業補償給付」は中止（「傷病補償年金」の方が手厚い）
- 支給期間に限度はなし

 **届け出先** ： 労働基準監督署

仕事による病気やケガが治らずに退職せざるを得ない場合にも、一定の収入が補償され、経済的にはある程度の安心感が持てます。

## 傷病補償年金の支給内容

| 傷病等級 | 傷病補償年金 | 傷病特別支給金（一時金） | 傷病特別年金 |
| --- | --- | --- | --- |
| 第1級 | 給付基礎日額の**313**日分※1 | **114**万円 | 算定基礎日額の**313**日分※2 |
| 第2級 | 給付基礎日額の**277**日分 | **107**万円 | 算定基礎日額の**277**日分 |
| 第3級 | 給付基礎日額の**245**日分 | **100**万円 | 算定基礎日額の**245**日分 |

※1 給付基礎日額とは、事故が発生した日の直前3カ月間に支払われた金額の総額を、その期間の日数で割った、一日当たりの賃金額のこと。臨時的に支払われた賃金、ボーナスは含まれない
※2 算定基礎日額とは、事故が発生した日の直前1年間に支払われた特別給与などを365で割った金額。特別給与の総額が給付基礎日額の20％を上回る場合は給付基礎日額の20％になる。150万円が限度額

# 41

仕事や通勤によって障害が残った場合に
労災から年金や一時金を支給

## 障害補償給付

もらえるお金
約 **968** 万円
（月給30万円・
1級の場合）

 **内容**
仕事中や通勤途中の病気やケガで障害が残り、労災保険が定める障害等級1級〜14級に該当する障害が残ったときは障害の程度に応じて「障害補償年金」や「障害補償一時金」が支給されます。

 **対象者**
仕事中や通勤途中にケガをしたり、仕事が原因で病気になったりして、障害等級1級〜14級に該当する人

 **ポイント**
- 比較的障害が重い1級〜7級の人は障害補償給付と障害特別一時金（1回のみの支給）、障害特別年金が支給される
- 障害等級8級〜14級の人には、障害補償給付と障害特別一時金、障害特別年金が支給される。いずれも年金ではなく、1回のみの支給
- 「傷病補償年金」（94ページ参照）で傷病特別支給金の給付を受けた場合、障害特別支給金は全額ではなく、差額が支給される

 **届け出先** ： 労働基準監督署

年金保険の「障害年金」（86-89ページ参照）の要件にも合う場合は、両方を受け取ることができます。

## 障害補償給付の支給額

| 障害等級 | | 障害(補償)給付 | 障害特別支給金※ | 障害特別年金 | 障害特別一時金 |
|---|---|---|---|---|---|
| 障害(補償)年金 | 第1級 | 給付基礎日額の**313**日分 | **342**万円 | 算定基礎日額の**313**日分 | ― |
| | 第2級 | **277**日分 | **320**万円 | **277**日分 | ― |
| | 第3級 | **245**日分 | **300**万円 | **245**日分 | ― |
| | 第4級 | **213**日分 | **264**万円 | **213**日分 | ― |
| | 第5級 | **184**日分 | **225**万円 | **184**日分 | ― |
| | 第6級 | **156**日分 | **192**万円 | **156**日分 | ― |
| | 第7級 | **131**日分 | **159**万円 | **131**日分 | ― |
| 障害(補償)一時金 | 第8級 | **503**日分 | **65**万円 | ― | 算定基礎日額の**503**日分 |
| | 第9級 | **391**日分 | **50**万円 | ― | **391**日分 |
| | 第10級 | **302**日分 | **39**万円 | ― | **302**日分 |
| | 第11級 | **223**日分 | **29**万円 | ― | **223**日分 |
| | 第12級 | **156**日分 | **20**万円 | ― | **156**日分 |
| | 第13級 | **101**日分 | **14**万円 | ― | **101**日分 |
| | 第14級 | **56**日分 | **8**万円 | ― | **56**日分 |

※一時金。同一の災害により、すでに傷病特別支給金を受けた場合は、その差額となる

# 42 介護補償給付
### 仕事上の病気やケガで要介護になった場合に給付

もらえるお金
常時介護
約 **16.7** 万円

**内容**
仕事中や通勤途中の病気やケガで重度の障害が残って介護が必要になり、自宅で介護を受けている人には「介護補償給付」が支給されます。

**対象者**
仕事中や通勤途中の病気やケガで障害等級・傷病等級が第1級または第2級で精神神経・胸腹部臓器の障害を負い、実際に介護を受けている人で以下の条件を満たす人
- 自宅で介護サービスを利用しながら、親族・友人・知人から介護を受けている
- 病院や診療所、老人保健施設、障害者支援施設、特別養護老人ホームなどに入院、入所していない

**ポイント**
- 常時介護を必要とする人と随時介護を必要とする人で、給付の内容が異なる

＜常時介護＞
①精神神経・胸腹部臓器に障害があり、常時介護が必要
②両眼が失明、両上肢および両下肢が亡失または用廃などで常時介護が必要

＜随時介護＞
①精神神経・胸腹部臓器に障害があり、随時介護が必要
②障害等級または傷病等級の第1級で、常時介護が必要ではない

**届け出先** ： 労働基準監督署

介護保険（40歳以上）とは異なり、年齢の制限はありません。

## 介護補償給付の内容

| | | |
|---|---|---|
| 常時介護 | 親族または友人・知人の介護を受けていない | 介護費用として支出した額<br>(16万6950円が上限) |
| | 親族または友人・知人の介護を受けている | 介護費用を支出していない場合は<br>一律 **7万2990**円 |
| | | 介護費用(7万790円以下)を支出している場合は<br>一律 **7万2990**円 |
| | | 介護費用(7万790円以上)を支出している場合は<br>その額(16万5150円が上限) |
| 随時介護 | 親族または友人・知人の介護を受けていない | 介護費用として支出した額<br>(8万3480円が上限) |
| | 親族または友人・知人の介護を受けている | 介護費用を支出していない場合は<br>一律 **3万3500**円 |
| | | 介護費用(3万5400円以下)を支出している場合は<br>一律 **3万3500**円 |

※2020年度

## 43 1年間に自己負担した医療費が10万円超なら確定申告で所得税を軽減
# 医療費控除

10万円を超えた分の**税金が還元**

**内容**
1月～12月までに自己負担した医療費が10万円（または所得の5％）以上かかった場合、10万円を超えた分が所得から差し引かれる「医療費控除」が受けられます。所得が低くなれば、その分、所得税が安くなります。

**対象者**
自己負担した年間の医療費が10万円を超えた人

**ポイント**
- 控除を受けるには確定申告をする必要がある。会社員は所得税を天引きされているので、安くなった分が還付される
- 「高額療養費制度」（80ページ参照）や医療保険などで給付を受けた分は、医療費から差し引く必要がある
- 生計を同じくする家族全員の医療費が合算できる。収入の多い人が申告するのが有利（収入が多いほど所得税の税率が高くなるため）
- 控除の対象になるもの、ならないものが細かく分かれている。病気やケガの治療費はほとんど対象になるが、大人の歯科矯正費や疲労回復のためのマッサージ費などは対象外。通院のための交通費も対象になる（駐車場代などは対象外）。ドラッグストアなどで買った医薬品も対象になる
- 控除額に上限なし

**届け出先**：税務署（確定申告）

医療機関、ドラッグストアなどの領収書は必ず保管するクセをつけて。1年の終わりに合計いくらになったか計算してみましょう。

## 医療費控除の対象になるもの、ならないもの

|  | 対象 | 対象外 |
|---|---|---|
| 医薬品 | ●病気やケガの治療のための市販の医薬品<br>●医師の処方による医薬品・湿布薬・漢方薬 | ●疲労回復、健康のためのビタミン剤<br>●健康食品・栄養ドリンク |
| 病院等の治療・通院・入院 | ●医師に支払った診療費や治療費<br>●治療のためのマッサージ・鍼・灸<br>●異常がみつかり治療を受けることになった場合の健康診断費 | ●診断書の作成費用<br>●疲労回復のためのマッサージ・鍼・灸<br>●異常がみつからない場合の健康診断費 |

## 医療費控除の計算式

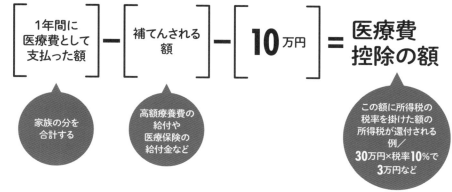

# 44 セルフメディケーション税制

指定の医薬品を1万2000円超購入したら確定申告で所得税を軽減

**トクするお金　8万8000円の税額控除**

**内容**
1月～12月までに指定された市販の医薬品を1万2000円を超えて購入した場合、その超えた分が所得から差し引かれます。所得が低くなれば、その分、所得税が安くなります。

**対象者**
所定の健康診断を受け、1年で1万2000円を超える指定の医薬品（スイッチOTC薬）を購入した人

**ポイント**
- 所定の健康診断とは会社や自治体の健康診断などのことをいう
- 風邪薬や湿布薬など、幅広い医薬品がスイッチOTCに指定されており、特定のマークが印刷されている。ドラッグストアなどで購入できる
- 控除額の上限は8万8000円まで
- 「医療費控除」（100ページ参照）との併用は不可

**届け出先**：税務署（確定申告）

## セルフメディケーション税制の控除額計算式

[ 1年間のOTC医薬品購入額 ] − [ 1万2000円 ] = 控除される額

最高8万8000円まで。この額に所得税の税率を掛けた額の所得税が還付される。

（例／購入額2万円−1万2000円＝8000円の控除
8000円×[所得税率20％＋住民税率10％]＝2400円の減税効果）

確定申告の際に必要ですので、OTC医薬品を購入した場合は、レシートをしっかり保存しておきましょう。

# 45 人間ドック助成金・メタボ検診

自営業の人などに健康診断の費用を助成

トクするお金
**8000**円
（東京都・品川区の例）

| | |
|---|---|
|  内容 | 会社員は勤務先で健康診断を実施していますが、自営業の人など、その機会がない人もいます。そこで多くの市区町村では、国民健康保険加入者を対象に人間ドックの検査費用を助成しています。また特定健康診査や特定保健指導として、メタボ検診を実施している例もあります。 |
|  対象者 | 国民健康保険の加入者。40歳以上など年齢制限を設けている例も |
|  届け出先 | 市区町村 |

### 人間ドック費用助成の例
東京都・品川区／人間ドック受診助成事業
国保基本健診または後期高齢者医療健康診査を受診せずに人間ドックを受診する場合に費用の一部を助成。

| 対象 | 40歳以上の品川区国民健康保険加入者または品川区後期高齢者医療制度加入者 |
|---|---|
| 助成額 | 上限 **8000** 円まで |

助成回数は1年に1回です。100％自己負担で受診していることなど、条件も自治体によってさまざま。制度をしっかり活用して健康維持に役立てましょう。

## 税金でトクする制度……3
## つみたてNISA

**投**資で得た利益が非課税になる「NISA（少額投資非課税制度）」を紹介しましたが（52ページ参照）、積立形式で投資した場合の利益が非課税になる「つみたてNISA」という制度もあります。2037年で終了予定でしたが、2042年まで5年延長される予定です。

証券会社などにつみたてNISA専用の口座をつくり、その口座に年間最大40万円を最長20年間、積み立てられます。口座は1人につき、1口座のみで、得られた利益が非課税になります。

金融庁が認可した投資信託で、手数料が低く、分配金が支払われないなど、長期・積立・分散投資に適した株式投資信託と上場投資信託（ETF）に限られています。

投資は預貯金よりも増える可能性がある一方で、値下がりして元本割れする可能性（リスク）もあります。リスクを抑えるには、一度に多くの額を投資するのではなく、少額ずつ、タイミングを分けて投資すること、値上がりをじっくり待てるよう、長く保有できる資金を投じることが重要です。毎月一定の額を長期で投資できる「つみたてNISA」は、リスクを抑えながら投資するのに最適な制度といえるでしょう。

インターネット証券では毎月100円程度から、大手証券会社でも1000円程度から投資でき、少しずつ、無理のない範囲ではじめられます。

# 転職

PART 5

# 失業

# 46 失業給付の基本手当 ❶ (条件)

退職後、就職の意思と能力がある人に給付

もらえるお金
約 2000〜7000円／日

**内容**

会社員は雇用保険に加入しており、退職すると失業給付として「基本手当」が受けられます。ただし誰でも、どんな場合でも給付されるわけではありませんし、いつから、いくら給付されるかもケースによって異なります。退職する前にしっかり理解しておきましょう。

**対象者**

会社を退職した人で以下の条件を満たす人
- 会社を辞める前の2年間に雇用保険の被保険者期間が通算12カ月以上
- 働く意思といつでも就職できる能力がある

**ポイント**

- 病気やケガですぐには就職できない、家事や家業、妊娠・出産・育児に専念する、自営業をはじめる、しばらくはのんびりしたい、といった人には給付されない
- 公共職業安定所(ハローワーク)で求職の申し込みをすると受給資格の決定が行われ、そこから7日間の待期期間中に就職先が決まったり、職業に就いたりした場合は基本手当が受け取れない
- 会社の倒産や会社都合の解雇などによる離職では待期期間を過ぎると給付されるが、自己都合による離職ではさらに3カ月の給付制限があり、それを過ぎてから給付される

**届け出先**：ハローワーク

パートやアルバイトでも週20時間働いている人は雇用保険に加入しているので、失業給付の対象になります。

## 基本手当の支給開始時期

会社都合で辞めた人の場合

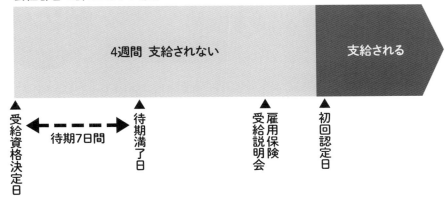

自己都合で辞めた人の場合

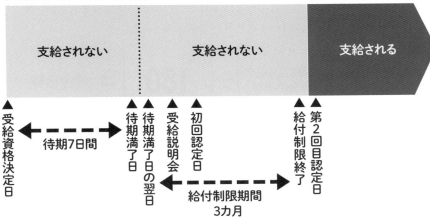

# 47 失業給付の基本手当 ❷（金額）

退職前6カ月の賃金をもとに
1日あたりの給付額が決まる

もらえるお金
約 **65**万円
（月収24万円・10年勤務の場合）

**内容**　失業給付の「基本手当」は、基本手当日額（1日あたりの額）と日数で計算されます。基本手当日額は年齢、勤めていたときの賃金によって決まり、これに給付率を掛けた金額がベースになります。

**対象者**　106ページ参照（失業給付の基本手当❶と同様）

**ポイント**
- 賃金日額は、退職する前6カ月間の賃金の総額を180で割った金額。賃金には時間外手当や通勤手当は含まれるが、ボーナスや臨時に支払われた賃金は含まれない

$$\left[\begin{array}{c}\text{退職6カ月前の}\\\text{賃金の総額}\end{array}\right] \div \left[\,180\,\right] = 賃金日額$$

※賃金には時間外手当や通勤手当を含む
※ボーナスや臨時の賃金は含まない

- 勤めていた時期の賃金が高いと賃金日額が高くなるが、そこに給付率を掛けるため、基本手当日額は無制限に多くなることはなく、上限がある。給付率は59歳までは50〜80％、60〜64歳では45〜80％で、賃金の低い人ほど給付率が高くなる
- 賃金日額が少ない人のために最低保障額も設けられている

**届け出先**　ハローワーク

> 基本手当の算定基礎になる「賃金日額」は毎年8月1日に変わりますが、これは平均給与額（毎月勤労統計調査）によって決まります。

## 基本手当日額

| 賃金日額 | 60歳未満 | 60歳以上65歳未満 |
| --- | --- | --- |
| 5000円 | 4000円 | 4000円 |
| 6000円 | 4556円 | 4458円 |
| 7000円 | 5029円 | 4786円 |
| 8000円 | 5419円 | 4836円 |

## 基本手当日額の最低保障額と最高額

| 年齢 | 基本手当日額 最低保障額 | 最高額 |
| --- | --- | --- |
| 30歳未満 | 2000円 | 6815円 |
| 30歳以上45歳未満 | 2000円 | 7570円 |
| 45歳以上60歳未満 | 2000円 | 8330円 |
| 60歳以上65歳未満 | 2000円 | 7150円 |

※2020年3月現在

PART5 転職・失業

# 48 失業給付の基本手当❸（日数）

退職理由などにより90日〜360日間

もらえるお金
自己都合の退職は
**90〜150日分**

## 💴 内容

基本手当が給付される日数は、退職したときの年齢や雇用保険の被保険者であった期間、退職の理由などによって異なり、最短で90日、最長360日間です。会社都合などで離職した人は手厚い給付日数となります。

##  ポイント

- 自己都合で退職した人は年齢を問わず、労働保険の被保険者期間が10年未満では90日、10年以上20年未満では120日、20年以上では150日
- 倒産、解雇により、再就職の準備をする時間的余裕がないまま離職した「特定受給資格者」、さらに期間の定めのある労働契約が更新されなかったことにより離職したり、やむを得ない事情で自己都合により離職したりした「特定理由離職者」は、年齢も加味され自己都合による退職者より給付期間が長くなる
- 給付される期間は離職日の翌日から1年間で、それを過ぎると、給付日数が残っていても給付が打ち切られる
- 出産・育児、病気やケガ、親族の介護により働けない状態が30日以上続く場合は、受給期間を最長3年間延長できる（本来の期間1年間と合わせて計4年になる）。離職から約2カ月以内に受給期間延長の申請が必要
- 60歳以上の定年などで離職し、しばらく休養する場合は受給期間を最長1年間延長できる（本来の期間1年間と合わせて計2年に）。離職から約2カ月以内に受給期間延長の申請が必要

##  届け出先：ハローワーク

> 給付日数には制限があるので、離職したらすぐに手続きしましょう。とくに受給期間延長の申請は急ぐ必要があります。

## 自己都合による離職や定年退職者の給付日数

| | 被保険者期間 | | |
|---|---|---|---|
| | 1年以上10年未満 | 10年以上20年未満 | 20年以上 |
| 全年齢 | 90日 | 120日 | 150日 |

## 特定理由離職者、特定受給資格者の給付日数

| 年齢 | 被保険者期間 | | | | |
|---|---|---|---|---|---|
| | 1年未満 | 1年以上5年未満 | 5年以上10年未満 | 10年以上20年未満 | 20年以上 |
| 30歳未満 | 90日 | 90日 | 120日 | 180日 | — |
| 30歳以上35歳未満 | 90日 | 120日 | 180日 | 210日 | 240日 |
| 35歳以上45歳未満 | 90日 | 150日 | 180日 | 240日 | 270日 |
| 45歳以上60歳未満 | 90日 | 180日 | 240日 | 270日 | 330日 |
| 60歳以上65歳未満 | 90日 | 150日 | 180日 | 210日 | 240日 |

※就職困難者は150〜360日

# 49 基本手当の延長給付

再就職が困難の場合は
基本手当の給付が延長されることも

もらえるお金
約13万円
（月収24万円の場合）

 **内容**
基本手当が給付される日数は決まっていますが、社会情勢や個人の事情などにより給付日数の間に再就職が難しいと判断された場合は、基本手当が延長して給付される「延長給付」が受けられることもあります。

 **対象者**
基本手当の給付を受けた人で、給付日数の間に就職できずに延長給付が必要と認められた場合

 **ポイント**
- 特定受給資格者等で、雇用情勢が悪い地域に居住、かつ職業訓練するのが適当な場合、「地域延長給付」として60日延長（2022年3月まで）
- 災害により離職した人は「個別延長給付」として原則60日、最大120日延長
- ハローワーク所長の指示により公共職業訓練を受ける場合は、「訓練延長給付」。訓練を受けるまで待期している期間は90日、訓練を受けている期間は2年、訓練終了後も就職が難しい場合は30日をそれぞれ限度に延長
- 基本手当日額は延長前と同額

 **届け出先** ： ハローワーク

職業訓練の指示があった場合に限られますが、基本手当を受給しながらスキルを身に付けられるのはいいことです。積極的に活用しましょう。

# 50 傷病手当
病気やケガで就職活動できない場合
基本手当の給付が続く

もらえるお金
**基本手当**
と同じ金額

**内容**
基本手当を受けるためには就職の意思や能力があることが条件ですが、基本手当を受給している間に病気やケガをして、就職のための活動や就職そのものができなくなることもあります。その場合も、医師の診断書などを提出すれば基本手当の支給が継続されます。また病気やケガが15日以上続いた場合には、基本手当の代わりに、「傷病手当」が支給されます。

**対象者**
基本手当の受給中に病気やケガをした人

**ポイント**
- 14日以内は基本手当の支給が続く
- 15日以上続いた場合、基本手当に代わって「傷病手当」が支給される。金額は基本手当と同額。期間は基本手当の支給期間の残りの期間
- 病気やケガが治った場合は基本手当に切り替え。基本手当の支給残日数から傷病手当が支給された日数を引いた日数分が支給される
- 30日以上続いた場合は、受給期間の延長を申請できる（110ページ参照）。最大3年（通算4年）延長できる。延長の条件を満たしてから1カ月以内に申請

**届け出先**　ハローワーク

休職中に病気やケガをしても安心。一定期間は基本手当や傷病手当で生活は守られますね。

# 51 基本手当とは別に職業訓練を受ければもらえる
## 技能習得手当・寄宿手当

もらえるお金
約 **160** 万円／年

**¥ 内容**
ハローワーク所長または地方運輸局長の指示により、公共職業訓練などを受講する場合には、基本手当とは別に、「技能習得手当」が受けられます。また受講のために家族と別居して寄宿する場合には、「寄宿手当」も支給されます。

**対象者**
基本手当の受給資格があり、ハローワークなどの指示で技能習得をする人

**ポイント**
- 「技能習得手当」には、「受講手当」と「通所手当」がある
- 「受講手当」は公共職業訓練などを受ける場合に支給。日額500円で上限2万円
- 「通所手当」は受講のための交通費で、月額上限4万2500円
- 「寄宿手当」は公共職業訓練を行うために、家族と別居して寄宿生活をしなければならない場合に支給。月額1万700円で、寄宿していない日などの分は減額される

**届け出先** ： ハローワーク

公共職業訓練の受講料は無料ですが、訓練のために必要なテキスト代などは自己負担になります。

# 52 求職者支援制度
## 雇用保険未加入だった人の再就職を支援

もらえるお金
職業訓練を受けると
**10万円／月**

 **内容**
パートやアルバイトで雇用保険に未加入だった人も、職業訓練などを受けながらハローワークの支援を受けて就職活動できます。

 **対象者**
以下いずれかの条件に該当する人
- パートやアルバイトで雇用保険に未加入だった人
- 基本手当の受給中に再就職ができなかった人
- 自営業を廃業して再就職を目指す人

**ポイント**
- 厚生労働大臣が認定する民間訓練機関で「求職者支援訓練」が無料で受けられる。テキスト代は自己負担。3〜6カ月で基礎的能力を習得する「基礎コース」と、基礎的能力と特定の職種に必要な実践的能力を習得する「実践コース」がある。パソコン事務、介護職員実務者、ネイリストなどさまざま
- 以下①〜⑦を満たす人が職業訓練などを受けると、「職業訓練受講給付金」として、月10万円と通所手当・寄宿手当を支給
  ① 本人収入が月8万円以下
  ② 世帯全体の収入が月25万円以下
  ③ 世帯全体の金融資産が300万円以下
  ④ 現在の住まい以外に土地・建物の所有なし
  ⑤ すべての訓練実施日（やむを得ない場合8割以上）に出席
  ⑥ 同世帯にこの給付金や訓練を受けている人が同時にいない
  ⑦ 過去3年以内に不正行為により特定の給付金を受けていない

 **届け出先**：ハローワーク

雇用保険未加入者や自営業だった人にとって頼りになる制度です。上手に活用しましょう。

PART5 転職・失業

# 53 一般教育訓練給付金
### 退職者＆在職者のスキルアップ費を助成

**内容**
退職から1年程度の人、さらに在職中の人にも、資格取得やスキルアップのための受講費用などの一部が「一般教育訓練給付金」として給付されます。

**対象者**
以下いずれかの条件に該当する人
- 退職するまでの雇用保険被保険者期間が3年以上で、退職の翌日から受講開始までが1年以内の人
- 受講開始日に、雇用保険の被保険者期間が3年以上の在職者
- はじめて給付を受ける人は被保険者期間1年以上で可

**ポイント**
- 厚生労働大臣が指定する教育訓練を受講し、修了すると、入学料・受講料（最大1年分）の20％が支給される。検定試験料、補助教材費、交通費、パソコンなどの器材費用は対象外
- 10万円が上限。4000円未満の場合は支給されない
- 何度でも利用できる（過去の受講開始日以降の支給要件期間が3年以上であること）
- 情報処理技術者資格、簿記検定、社会保険労務士など資格取得を目指す講座や、英会話をはじめ、専門的知識、能力の向上が図れる講座など、多彩な講座が指定されている
- 指定された講座については、「ハローワークインターネットサービス」から検索できる

**届け出先** ： ハローワーク

> 上限10万円なので、費用が高い講座で利用するのがトク。資格取得でなく修了が条件なので、気軽に利用できます。

## 指定講座の例

| | | | | |
|---|---|---|---|---|
| 情報処理技術者 | 通訳案内士 | 簿記検定 | 中国語検定 | 日本語教育能力検定 |
| TOEIC | TOEFL | 税理士 | 社会保険労務士 | 行政書士 |
| 中小企業診断士 | 司法書士 | FP技能検定 | 弁理士 | 通関士 |
| マンション管理士 | 学芸員 | 司書教諭 | 国家資格キャリアコンサルタント | 産業カウンセラー |
| 調理師 | ソムリエ資格認定試験 | 消費生活アドバイザー | 大型自動車第1種免許 | など |

# 54 専門実践教育訓練給付金

MBAや看護師など
高度な専門職を志す人を支援

もらえるお金 最大 168万円

## 内容
「一般教育訓練給付金」(116ページ参照) 以外に、専門的・実践的な教育訓練に対する「専門実践教育訓練給付金」もあります。

## 対象者
以下の条件を満たす人
- 退職の翌日から受講開始までが1年以内(適用対象期間が延長された場合は最大20年以内)の人
- 受講開始日に、雇用保険の被保険者期間が3年以上(はじめて給付を受ける人は被保険者期間2年以上)の在職者
- 前回の教育訓練給付金受給から3年以上経過している人

## ポイント
- 事前にコンサルティングを受け、就業の目標、職業能力の開発・向上に関する事項を記載したジョブカードの交付を受け、厚生労働大臣が指定する教育訓練を受講
- 対象となるのは、MBA、看護師、介護福祉士、美容師、調理師、歯科衛生士、社会福祉士、柔道整復師、言語聴覚士、キャリアコンサルタント、保育士、栄養士などの教育訓練
- 給付期間は2年間。ただし、資格取得につながる場合は最大3年まで延長される
- 資格取得などをし、修了から1年以内に雇用された場合は給付が手厚くなる
- 一定の要件を満たす人は、さらに「教育訓練支援給付金」が受けられる(2022年3月31日まで)

## 届け出先
ハローワーク

かなり手厚い給付なので、本当に目指したいものをじっくり検討して活用を。勤務先に知られる心配もありません。

## 専門実践教育訓練給付金の支給額

| | 支給額 | 上限 | |
|---|---|---|---|
| 受講の場合 | 費用の **50**% | 1年の場合 | **40**万円 |
| | | 2年の場合 | **80**万円 |
| | | 3年の場合 | **120**万円 |
| 資格取得などをし、修了から1年以内に雇用された場合 | 費用の **70**% | 1年の場合 | **56**万円 |
| | | 2年の場合 | **112**万円 |
| | | 3年の場合 | **168**万円 |

## 教育訓練支援給付金が受けられる人

- 専門実践教育訓練給付金の受給資格がある
- 受講開始時に45歳未満の離職者
- 専門実践教育訓練を修了する見込みがある
- 2022年3月31日までに専門実践教育訓練を開始

2022年3月末までにはじめて専門実践教育訓練を受講する人で、受講開始時に45歳未満など条件を満たす人が訓練期間中、失業状態にある場合。失業給付の基本手当日額の80%の割合を乗じて得た金額に、2カ月ごとに失業の認定をうけた日数を乗じて得た額を給付

PART 5 転職・失業

## 55 紹介企業が遠隔地なら交通費や宿泊代を支給
# 広域求職活動費

もらえるお金
1泊の宿泊費
**8700**円

**内容**
ハローワークの紹介により、遠隔地にある企業を訪問して面接などの就職活動をした場合には、「広域求職活動費」として交通費や宿泊料が支給されます。

**対象者**
雇用保険の受給資格があり、以下の条件を満たす人
- 待期期間が経過してから広域求職活動をした
- ハローワークに紹介された求人で、管轄区域外にある企業などの求人である
- 住居地の管轄のハローワークから、求職先の企業の所在地を管轄するハローワークまで鉄道などの距離で往復200km以上
- 交通費などが訪問先の企業から支給されないか、「広域求職活動費」より少ない

**ポイント**
- 交通費については、住居所管轄のハローワークの所在地から訪問先企業の所在地を管轄するハローワークまでの順路について計算した額が支給される
- 交通費の対象は鉄道賃(一定以上の距離では急行・特急料金も)、航空賃、船賃(2等運賃相当)、車賃(鉄道がない区間。1km37円として)
- 宿泊費については、訪問先までの距離と訪問する企業数に応じて支給される。最大6泊まで、1泊8700円または7800円

**届け出先**：ハローワーク

ハローワークから紹介された企業への訪問であることが条件です。自分で遠隔地の企業を探して就職活動をする場合は支給されません。

# 56 移転費

遠隔地での就職や職業訓練には移転費用が支給される

もらえるお金 約28万円

**内容**

ハローワークや職業紹介業者などの紹介した仕事に就いたり、ハローワークの指示した公共職業訓練などを受講したりするため、転居する必要がある場合、本人と家族の引っ越し費用が支給されます。

**対象者**

雇用保険の受給資格があり、以下の条件を満たす人
- 待期期間が経過してから就職または公共職業訓練などを受けることになった
- ハローワーク、特定地方公共団体または職業紹介会社が紹介した職業に就くため、またはハローワークの所長の指示した公共職業訓練等を受けるために、住所・居所を変更した
- 通勤（通所）時間が往復4時間以上など、移転が必要と認められること
- 移転費用などが訪問先の企業から支給されないか、実際にかかった費用より少ない

**ポイント**

- 移転費の対象は鉄道賃（一定以上の距離では急行・特急料金も）、航空賃、船賃（2等運賃相当）、車賃（鉄道がない区間。1km37円として）、移転料（距離に応じて9万3000円〜28万2000円。単身ではその半分）、着後手当（距離に応じて7万6000円〜9万5000円。単身ではその半分）

**届け出先**：ハローワーク

2018年からハローワーク以外に、自分の都合で退職した人などで3カ月間給付のない期間中や特定地方公共団体または職業紹介事業者の紹介も対象になりました。

PART5 転職・失業

# 57 再就職手当・就業促進定着手当

早く就職した人には
基本手当に代わる給付を用意

もらえるお金
約 **30**万円

**内容**

失業給付の基本手当を受給している間に安定的な職業に就くと基本手当は終了します。給付期間が終わってから再就職した方がトク？と思いがちですが、早く再就職した人には基本手当の代わりに「再就職手当」が支給されます。さらに、再就職先の賃金が前職より低い場合には、「就業促進定着手当」も上乗せして支給されます。

**対象者**

「**再就職手当**」の対象は以下の条件を満たす人
- 基本手当の支給残日数が、所定の給付日数の3分の1以上
- 3年以内に「再就職手当」や「常用就職支度手当」(125ページ参照)を受けていない
- 1年超、雇用されることが確実

「**就業促進定着手当**」の対象は以下の条件に該当する人
- 「再就職手当」の支給を受けている
- 6カ月以上雇用されている(雇用保険被保険者になっている)
- 再就職後6カ月間の1日分の賃金が前職より下がった

**ポイント**

- 「再就職手当」「就業促進定着手当」とも、支給額は基本手当の支給残日数によって異なり、「再就職手当」は早く就職するほど多く受け取れる

**届け出先** : ハローワーク

基本手当を期間満了まで受け取りたい、賃金が下がる再就職はしたくないと思いがちですが、早期の再就職も視野に入れましょう。

## 再就職手当の支給額

基本手当の支給残日数が給付日数の3分の1以上

[ 支給残日数 ] × [ **60**% ] × [ 基本手当日額 ]

基本手当の支給残日数が給付日数の3分の2以上

[ 支給残日数 ] × [ **70**% ] × [ 基本手当日額 ]

## 就業促進定着手当の支給額

[ 支給残日数 ] × [ **40**% ] × [ 基本手当日額 ]

※基本手当日額は30歳未満で6815円、30歳以上45歳未満で7570円、45歳以上60歳未満で8330円、60歳以上65歳未満で7150円が上限
※2020年3月現在

再就職手当の給付率が**70%**の場合は**30%**

PART5 転職・失業

# 58 就業手当

アルバイトしても基本手当の30%は支給される

トクするお金
**1831円/日**

 **内容**
失業給付の基本手当が支給されている間はアルバイトもしない方がいい、と考える人も少なくありません。しかし求職活動と並行してアルバイトをした場合には、「就業手当」が支給されます。

**対象者**
以下の条件に該当する人
- 基本手当の支給残日数が、所定の給付日数の3分の1以上、かつ45日以上
- 離職前の事業主による再雇用ではない
- 待期期間を経過している
- 自己都合による離職の場合、待期期間の1カ月以内にハローワークなどの紹介で職業に就いた
- 求職の申し込みより前に約束した事業主による雇用ではない

**届け出先**：ハローワーク

### 就業手当の額

[ 就業した日数 ] × [ 30% ] × [ 基本手当日額 ] ＝ 就業手当の日額

60歳未満は **1831円**
60歳以上65歳未満は **1482円が上限**

黙ったまま基本手当を受け取ろうとするのは危険。週に20時間以上働くとアルバイトでも労働保険に加入することになり、ハローワークにはしっかり伝わります。

# 59 常用就職支度手当
## 中高齢者や障害者が再就職した場合に支給

**もらえるお金**
**29万9880円**
40歳・支給残日数90日以上の場合

### 内容
中高齢の人や障害のある人が失業給付の基本手当を受給している期間中に再就職した場合に「常用就職支度手当」が支給されます。

### 対象者
以下の条件に該当する人
- 再就職したときに45歳以上または障害があるなどで就職が困難であり、基本手当の支給残日数が所定の給付日数の3分の1未満で一定の要件に該当する
- ハローワーク、職業紹介会社の紹介で就職
- 待期期間や給付制限期間後に就職
- 再就職手当を受けられない
- 1年以上勤務するのが確実
- 離職前の事業主による再雇用ではない
- 再就職日から過去3年以内に、再就職手当や常用就職支度手当を受けていない

### 届け出先：ハローワーク

## 常用就職支度手当の支給額

| 支給残日数 | 支給額 |
| --- | --- |
| 90日以上 | 基本手当日額 × **40**% × 90 |
| 45日以上90日未満 | 基本手当日額 × **40**% × 支給残日数 |
| 45日未満 | 基本手当日額 × **40**% × 45 |

＊基本手当日額は45歳以上60歳未満は8330円、60歳以上65歳未満は7150円など上限がある（P.109参照）

> 賃金が下がることで再就職をためらう場合は、こういった給付があることをふまえて検討するといいでしょう。

# 60 高年齢雇用継続基本給付金

定年後も同じ会社に再雇用で働く人を65歳まで支援

**もらえるお金 162万円**（定年前の賃金月額30万円の人が18万円になった場合）

### 内容
定年後も同じ会社で働き続けるものの賃金が下がってしまうという場合、60〜65歳に到達する月まで、「高年齢雇用継続基本給付金」が支給されます。

### 対象者
以下の条件に該当する人
- 60歳以上65歳未満
- 雇用保険の被保険者期間が5年以上（60歳以降に失業給付の基本手当を受給していない）
- 60歳以降、毎月の賃金が、原則として賃金月額（60歳になる直前6カ月の平均賃金）の75％未満で、かつ支給限度額（2020年3月から36万3344円）以下

### 届け出先
ハローワーク

### 高年齢雇用継続基本給付金の支給額

| 定年後の賃金が賃金日額×30の61％より低い | → | 定年後の賃金の15% |

大きく下がった人ほど、支給額が多くなるように調整される

| 定年後の賃金が賃金日額×30の61％超 75％未満 | → | 定年後の賃金の15%から一定の割合を引いた額 |

例／賃金日額が1万円だった人が定年後の賃金が18万円になった場合
1万円×30＝30万円に対して60％に下がったことになる。
→18万円×15％＝2万7000円を支給

> 再雇用で働くと賃金は下がることが多い。こういった給付があることを踏まえて家計を考えましょう。

# 61 高年齢再就職給付金

定年後、早めに再就職して
賃金が下がった人に給付金

トクするお金
約**65**万
（定年前の賃金月額30万円の人が18万円になった場合）

 **内容**

失業給付の基本手当を受給中の高齢者が支給期間を100日以上残して再就職をしたものの、以前より賃金が下がってしまったという場合、60歳〜65歳に到達する月まで、「高年齢再就職給付金」が支給されます。

**対象者**

以下の条件に該当する人
- 前の会社を離職したときに雇用保険の加入期間が5年以上
- 60歳以上65歳未満で基本手当を受給中に再就職した
- 再就職する前日までに、基本手当の支給残日数が100日以上
- 再就職後、毎月の賃金が、原則として賃金月額（60歳になる直前6カ月の平均賃金）の75％未満
- 再就職した会社で雇用保険の被保険者になった

 **届け出先** : ハローワーク

## 高年齢雇用継続基本給付金の支給額

| 定年後の賃金が賃金日額×30の61％より低い | → | 定年後の賃金の15％ |
|---|---|---|
| 定年後の賃金が賃金日額×30の61％超75％未満 | → | 定年後の賃金の15％から一定の割合を引いた額 |

## 給付期間

| 支給残日数200日以上 | → | 再就職の翌日から2年が経過する月まで |
|---|---|---|
| 支給残日数100日以上200日未満 | → | 再就職の翌日から1年が経過する月まで※ |

※ただし、65歳の誕生日の月まで

支給されるのは基本手当の支給を100日以上残している場合ですから、それまでに再就職できるといいですね。

PART5 転職・失業

## 62 自治体による資格取得講座

自治体の居住者や勤務者のスキルアップを支援

格安で資格講座を受講

| | |
|---|---|
| **内容** | 自治体の中にも、就職や転職、スキルアップに役立つ資格取得を支援している例があります。自治体の広報誌やホームページなどをチェックしてみましょう。 |
| **対象者** | 自治体によって異なるが、市区町村に居住している人や、市区町村にある企業に勤務している人が対象になることが多い |
| **ポイント** | ●内容は自治体によって異なる。受講料は割安に設定されているのが一般的<br>●自治体が主催して自治体の施設で行う例、民間の専門学校が自治体から委託して行うなどの例がある |
| **届け出先** | 市区町村 |

### 自治体による資格取得支援講座 東京都港区の例（2019年度）

**対象** 区在住または在勤の中小企業事業者・従業員など

| | 回数 | 募集人数 |
|---|---|---|
| 行政書士 | 全27回 | 30人 |
| 宅地建物取引士 | 全24回 | 30人 |
| ファイナンシャル・プランニング技能士3級 | 全15回 | 35人 |
| 簿記入門（日商簿記3級） | 全13回 | 35人 |

市区町村の使える制度を把握している人はそう多くいないでしょう。ホームページや窓口で聞いてみてください。

# 63 「無担保・保証人なし・低利」で資金調達できる
## 自治体などの起業支援

もらえるお金 上限 **3500** 万円の融資

**¥ 内容**：起業を考えるなら、政府系金融機関や自治体などの融資制度も知っておきましょう。

**対象者**：起業する人、起業から間もない人など

**ポイント**：

**日本政策金融公庫／新創業融資制度**
起業する人、起業から間もない人に連帯保証人不要、担保不要で3000万円を上限に融資

**東京都／中小企業制度融資／創業融資**
起業する人に連帯保証人不要、担保不要で3500万円を上限に融資

**東京都／女性・若者(39歳以下)・シニア(55歳以上)創業サポート事業**
- 資金の使途／起業資金、設備資金、運転資金
- 融資限度額／1500万円（運転資金のみは750万円）
- 利率／固定金利1％以内
- 返済期間／10年以内（うち据置期間3年以内）
- 担保／不要
- 保証人　法人は代表者個人または不要　個人は不要

**届け出先**：市区町村

> 起業も選択肢のひとつ。担保、保証人不要など、条件のいい資金調達の方法を知っておきましょう。

PART 5 転職・失業

# 64 UIJターン支援

地方の市区町村への移住で助成金がもらえることも

トクするお金
**216万円**
（栃木県・宇都宮市の場合）

**¥ 内容**
都市部で学んだり、仕事をしたりしてから故郷に戻るUターン、故郷ではない地方に移住するIターン、故郷の近郊にある地方都市に移住するJターン。市区町村によっては、定住者の増加や地域活性化を図るため、UIJターンをする人に補助金を給付する例があります。

**対象者**
UIJターンなど、ほかの市区町村から移住する人。年齢制限を設けている例や、就職を伴う移住を条件とする例もある

**ポイント**
- 住宅を新築したり、借りたりする場合に補助金を給付する自治体がある
- 移住から数年などの期間を設けて家賃を補助する例も

**届け出先** 市区町村

移住後「想像と違った」ということもあります。本当に定住できるか、納得のいく仕事がみつかるか、子どもの教育や医療に心配がないかなど、じっくり考えて。

## 補助金がたくさんもらえる自治体の例

| 自治体 | 種類 | 制度名 | 最大補助金額 |
|---|---|---|---|
| 山形県<br>尾花沢市 | 住宅補助・空き家 | 宅地取得等<br>助成事業<br>（空き家を含む） | **200**万円 |
| 茨城県<br>古河市 | 子育て支援 | 若者・子育て世帯<br>定住促進奨励事業 | **150**万円 |
| 栃木県<br>宇都宮市 | 事業支援 | UIJターン起業<br>促進補助金 | **216**万円 |
| 群馬県<br>桐生市 | 住宅補助・空き家 | きりゅう暮らし<br>応援事業<br>（空き家利活用助成） | **70**万円 |
| 福岡県<br>久留米市 | 事業支援 | 久留米市移住者<br>創業促進支援<br>事業費補助金 | **100**万円 |

※2019年度現在

# 65 会社が倒産。給与や退職金未払いなら最大8割を給付
## 未払い賃金立替制度

もらえるお金
45歳以上は **296万円**

| | |
|---|---|
| **内容** | 勤務先の会社が倒産すると給与が未払い、退職金が未支給といったケースも。その場合、会社に代わって独立行政法人労働者健康安全機構から立替払いが受けられることがあります。 |
| **対象者** | １年以上事業をしていた会社が倒産した場合で、以下いずれかの条件に該当する人<br>●会社が倒産する６カ月前から、倒産後１年半の間に退職した人<br>●未払い額が２万円以上あるパートやアルバイト<br>●役員は原則的に対象にならないが、社員と同様に働いていた（業務執行権を持たない）場合は、対象になることもある |
| **ポイント** | ●立替払いが請求できるのは、退職の６カ月前から、立替払いを請求する前日までに支払いの期日がきている賃金。ただし、ボーナスは対象外。退職手当も請求できる<br>●支払われるのは請求できる額の最大８割相当。また年齢によって上限が決まっている<br>●時効があり、賃金は２年、退職金は５年で請求権が消滅する |
| **届け出先** | **労働基準監督署**──倒産状態でも法律上の整理が済んでいない場合に相談する<br>**労働者健康安全機構**──破産決定または労働基準監督署から賃金支払い能力のないことが認定された後に申請 |

審査は厳格に行われており、書類に不備があると時間がかかってしまいます。必要書類を確認してから請求を。

## 立替払いの上限額

| 退職時の年齢 | 未払い賃金の限度額 | 立替払いの上限 |
| --- | --- | --- |
| 30歳未満 | **110**万円 | **88**万円 |
| 30歳以上45歳未満 | **220**万円 | **176**万円 |
| 45歳以上 | **370**万円 | **296**万円 |

PART5 転職・失業

# 66 退職年に再就職しない場合は所得税が還付される
## 所得税の還付

**内容**
会社員は給料やボーナスから所得税を源泉徴収されていますが、その税額は1年間の賃金を想定して計算されています。そのため、年の途中で退職して年内に再就職しなければ、所得税を納め過ぎたことになるケースも。確定申告をして、納め過ぎた分の還付を受けましょう。

**対象者**
以下いずれかの条件に該当する人
- 1年の途中で退職し、その年には再就職しなかった人
- パートやアルバイトなどで1年間の収入が103万円以下にもかかわらず、源泉徴収されていた人

**ポイント**
- 1年の途中で退職しても、その年のうちに再就職した場合は新しい勤務先で年末調整されるので、確定申告の必要はない（年末調整で手続きできない医療費控除などを受ける場合は確定申告が必要）
- 年収が103万円以下で源泉徴収された人は、確定申告すれば所得税が還付される

**届け出先**：税務署（確定申告）

申告対象年の翌年から5年以内に申告すれば還付が受けられますが、早めに申告するほうがいいでしょう。

# パート、アルバイトの所得税還付の流れ

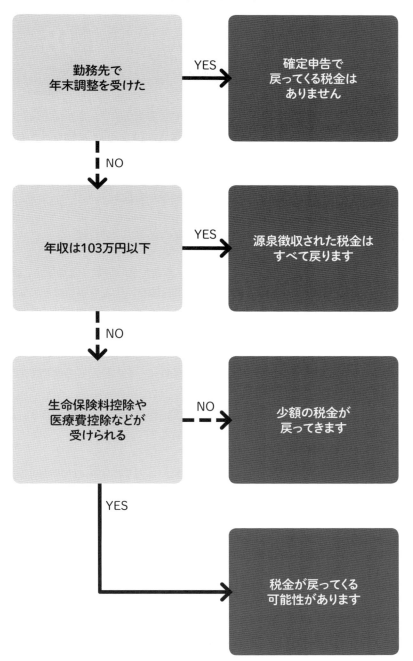

# 67 生活保護
### 生活費が足りなければまずは相談を

| | |
|---|---|
|  **内容** | 高齢や病気などによって生活費や医療費に困り、ほかに方法がない場合、困窮の程度に応じて支援や自立に向けた援助を行うのが「生活保護」です。病気で働けない、年金が少ない、失業して蓄えもなくて生活できない、医療費が支払えず、医療が受けられないといった場合は福祉事務所に相談しましょう。 |
|  **対象者** | 世帯全員の収入や貯蓄が国の決めた基準以下の世帯 |
| **ポイント** | ● 働ける人は能力に応じて働く、貯金や生命保険などを使う、親・兄弟姉妹・子など親族にも援助を頼む、年金や手当などの受給できるものはすべて受給する、住んでいない家や土地、自動車の処分をする（自宅はケースによる）<br>● 子の教育については、公立高校相当額は給付。それ以外の費用は、奨学金などで賄うことを条件に、その子どもも含めて生活保護を受けられる<br>● 世帯収入と基準額との差額が生活保護費として給付される。基準額は世帯の人数、年齢、家賃などで異なる<br>**＜基準額例＞**<br>　60歳代夫婦2人世帯／生活扶助11万9200円＋住宅扶助6万4000円<br>　50歳代単身世帯／生活扶助8万160円＋住宅扶助5万3700円 |
|  **届け出先** | 市区町村の福祉事務所 |

> 年金や給与などの収入から経費を差し引いた額が最低生活費（東京23区・高齢者単身・月8万円）を下回ることなど厳しい条件がありますが、一人で悩まず相談しましょう。

# 災害

PART 6

# 68 被災者生活再建支援制度

自然災害で住まいが被害を受けたら最大300万円を支給

もらえるお金 最大 300万円

| | |
|---|---|
| 内容 | 暴風、豪雨、洪水、豪雪、高潮、地震、津波、噴火といった一定規模以上の自然災害で自宅や家財に大きな被害を受けると、被害の大きさや住宅の再建の仕方に応じて支援金が受けられます。 |
| 対象者 | 自然災害によって10世帯以上の住宅全壊被害が発生した市区町村で、住まいが以下のような被害を受けた人(持ち家、賃貸の両方)<br>●住宅が全壊した世帯<br>●住宅が半壊、または住宅の敷地に被害があり、住宅をやむなく解体した世帯<br>●危険で居住不能な状態が長期間続いている世帯<br>●大規模な補修をしなければ居住が困難な世帯 |
| ポイント | ●被害の程度に応じて「基礎支援金」、家を再建する人にはさらに「加算支援金」が支給される<br>●被害状況がわかる写真などを添付して自治体に申し出ると、調査員が現場を調査し、「り災証明書」を発行。それに応じて支援金の額が決まる<br>●「基礎支援金」の申請期限は災害発生から13カ月、「加算支援金」は37カ月以内 |
| 届け出先 | 市区町村 |

使い途の制限はなく、住宅の新築や購入にも使えます。とはいえ公的支援だけでは十分といえませんから必要に応じて民間の保険の利用などを検討しましょう。

## 被災者生活再建支援制度の支給額

**基礎支援金** … 住宅の被害の大きさに応じて支給される

| 支給額 | 全壊、解体、長期避難 | 大規模半壊 |
|---|---|---|
| | 100万円 | 50万円 |

**加算支援金** … 住宅を再建するために支給

| 支給額 | 建設・購入※1 | 補修※1 | 賃借※2 |
|---|---|---|---|
| | 200万円 | 100万円 | 50万円 |

※1 一旦住宅を賃借した後、自ら居住する住宅を建設・購入（または補修）する場合は、合計で200（または100）万円。
※2 公営住宅を除く

## 69 自然災害で世帯主が負傷した場合などにお金が借りられる
# 災害援護資金

**トクするお金 最大350万円**

**内容**
都道府県内に災害救助法が適用された市区町村がある災害で、世帯主がケガをしたり、住居や家財が大きな被害を受けたりした場合、生活を立て直す資金として「災害援護資金」が借りられます。

**対象者**
災害によって負傷または住居や家財が損害を受けた人で、所得制限があり、前年の総所得が以下を超えないこと
**1人世帯**——220万円、**2人世帯**——430万円、**3人世帯**——620万円、**4人世帯**——730万円、**5人以上の世帯**——5人世帯は760万円＝730万円＋30万円。以下1人増えるごとに30万円を足した額。ただし住居が滅失した場合は世帯人数にかかわらず1270万円

**ポイント**
- 世帯主の負傷と住居の損害の程度によって融資限度額が異なる
- 当初3年間(特別措置がとられると5年間)は据置期間として返済しなくてもいい。その間は利子もかからない
- 返済期間は据置期間を含めて10年
- 「災害援護資金」の対象にならない人で、低所得世帯、障害者のいる世帯、要介護者のいる世帯を対象として、生活福祉資金制度による貸付もある。「緊急小口資金」は10万円、災害によって必要となった資金については「福祉金」150万円が目安。市区町村や社会福祉協議会に相談

**届け出先**：市区町村

東日本大震災では返済期間が最大15年程度になるなど、据置期間や返済期間はその都度、変更されることがあります。しっかり情報収集を。

## 災害援護資金貸付限度額

| | 世帯主が1カ月以上の負傷 | 世帯主に1カ月以上の負傷なし |
|---|---|---|
| 負傷のみ | 150万円 | — |
| 家財の3分の1以上の損害 | 250万円 | 150万円 |
| 住居の半壊 | 270万円 | 170万円 |
| 住居の全壊 | 350万円 | 250万円 |
| 住居全体の滅失または流失 | — | 350万円 |

# 70 災害障害見舞金

自然災害で身体、精神に障害を負った人への見舞金

もらえるお金 最大 **250万円**

**内容**

ひとつの市区町村で住居が5世帯以上滅失されたなど、一定の被害が生じた自然災害によって、日常生活が困難になるような障害を負った場合には、「災害障害見舞金」が支給されます。

**対象者**

日常生活が困難な状態にある人。具体的には以下いずれかの条件に該当する人
- 両目が失明した人
- 咀嚼および言語の機能を廃した人
- 神経系統の機能または精神に著しい障害を残し、つねに介護が必要な人
- 両上肢を肘関節以上で失った人
- 両下肢を膝関節以上で失った人
- 両下肢の用を全廃した人
- 精神または身体の障害が重複して障害の程度が一定以上の人

**ポイント**

- 生計を担っている人が障害を負った──上限250万円
- その他の人が障害を負った──上限125万円

＊実際の支給額は市区町村などが決める

**届け出先**：市区町村

かなり重い障害を負った人が対象です。

# 71 自然災害で家族を失った人に公的な弔慰金を支給
## 災害弔慰金

もらえるお金 最大 500万円

**内容**　ひとつの市区町村で住居が5世帯以上滅失されたなど、一定の被害が生じた自然災害によって家族を亡くした人には、「災害弔慰金」が支給されます。

**対象者**　自然災害によって亡くなった人の遺族。配偶者、子、父母、孫、祖父母か、兄弟姉妹(死亡した人と同居または生計を同じくしていた場合のみ)

**ポイント**
- 生計を担っている人が死亡——上限500万円
- その他の人が死亡——上限250万円
  - ＊実際の支給額は市区町村などが決める
- 自然災害による家屋の倒壊や津波といった直接の被害による死亡だけでなく、被災によるショックや避難所生活によるストレスなど二次的な要因で死亡した場合も、「災害関連死」と認められれば支給の対象となる

**届け出先**　：市区町村

PART6 災害

弔慰金を受け取るには優先順位があります。東日本大震災当時には兄弟姉妹は入っていませんでしたが、その後、法改正され対象となりました。

# 72 教育への各種支援

教科書の支給や奨学金などで子どもの就学を支える

もらえるお金
**教科書**の支給や**奨学金**など支援

**内容**　自然災害に遭っても子どもの就学は妨げたくないところ。教科書の支給や奨学金など、さまざまな支援がありますから、もしものときには市区町村や学校などに問い合わせてください。

**対象者**　災害によって被害を受けた保護者や子ども

**ポイント**

**教科書等の無償給与（災害援助法）** 災害援助法が適用された地域では、被災した児童生徒の教科書が失われたり、使えなくなったりした場合、1カ月以内に無償で支給される。また文房具や通学用品も支給される。対象は小・中学校、高等学校などの児童・生徒（特別支援学校、養護学校の小学児童、中学部生徒、中等教育学校、特別支援学校の高等部、高等専門学校、専修学校、各種学校の生徒を含む）

**小・中学生の就学援助措置** 被災により就学が困難となった児童・生徒の保護者を対象に、就学に必要な学用品費、新入学用品費、通学費、校外活動費、学校給食費などを援助

**奨学金制度の緊急採用・応用採用** 日本学生支援機構では、災害などでやむを得ずほかの学校に入学することで費用が増えた場合、「緊急採用（第一種奨学金）」「応急採用（第二種奨学金）」を貸与。第一種は無利子

**届け出先**　市区町村や学校

その他、幼稚園の入園料、保育料の軽減、高等学校・大学の授業料減免猶予もあります。

# 73 雑損控除・災害減免法

損害額を所得から控除して税負担を軽減

トクするお金 所得税を 控除

**内容** : 自然災害で自宅など生活に必要なものが損害を受けた場合には、税金が軽減される「雑損控除」や「災害減免法」の適用を受けることができます。

**対象者** : 災害によって生活に必要な資産に損害を受けた人

**ポイント** :

「雑損控除」「災害減免法」のどちらかを選択

### 雑損控除

災害や盗難などで、自身や配偶者、扶養している親族の資産が損害を受けた場合、一定の額を所得から控除できる。所得が減る分、税額が軽減され、被災した年に納めた所得税が還付され、翌年の住民税が安くなる。損害が大きい場合は最長3年間にわたって控除が受けられる

いずれか多い方を控除
Ⓐ [損失額] − [保険などで補てんされた金額] − [総所得金額の10%]
Ⓑ [災害関連支出（住宅などの取り壊し費用や修繕費用などの金額）] − [5万円]

### 災害減免法

所得が1000万円以下で、住宅や家財の損害額が時価の50％以上の場合に適用される。所得が低いほど控除額が大きい。控除されるのは1年のみ

控除額
所得500万円以下の人 ──→ 全額
所得500万円超750万円以下の人 → 50％
所得750万円超1000万円以下の人 → 25％

**届け出先** : 税務署（確定申告）

> 所得が1000万円を超えている人は、雑損控除しか使えません。

PART6 災害

## 税金でトクする制度……4
## パート収入の壁

「が働くのは税金がかからない範囲で……」と思っている人も多いようです。

以前は103万円を超えると夫の収入から控除される額が減って夫の税金が高くなり、手取り額が減りました。しかし2018年からは、夫の税金が増えるのが、妻の年収150万円からに引き上げられました（世帯収入などの条件あり）。つまり、妻の年収が150万円までなら夫の手取りは減らない、ということです。

もうひとつ知っておきたいのが、社会保険料の壁です。

夫が会社員の場合、専業主婦の妻は夫の扶養家族として健康保険や年金保険の保険料がかかりませんが、妻の収入が130万円（社員150人超の会社に勤務の場合は106万円）以上になると、夫の扶養から外れて妻の収入から健康保険料や年金保険料が引かれることになります。妻の手取りが減るわけです。

これは損、と考える人も多いのですが、将来受け取る年金が増えますし、障害を負ったときや死亡した際の保障も手厚くなります。病気やケガで仕事を休めば、健康保険から「傷病手当金」も受け取れます。社会保険に自身で加入することで、得られるメリットも大きいのです。

たしかに手取りが減るのは痛いですが、バリバリ働く人の方が雇用主からも歓迎され、長く働きやすそう。社会保険料の負担は、万が一のとき（病気やケガなど）、そして老後への仕送りともいえます。目安として、年収156万円（社員150人超の会社に勤務の場合は124万円）を超えれば手取り額が回復するので、家族の協力を得て、頑張って働けるといいですね。

# 老後

PART 7

# 74 国民年金
老後準備のためにしっかり把握したい

トクするお金
約**78**万円／年

 **内容**
20歳以上の人は全員、公的年金に加入する必要があります。老後の生活基盤になる老齢基礎年金が支給されるのは65歳から。老後の準備をするうえでも、年金制度の基本を知っておくことが大切です。

 **対象者**
20歳以上の人

 **ポイント**
- 公的年金の被保険者は3種類に分かれる
- 被保険者によって、受け取れる年金が異なる。第1号被保険者と第3号被保険者は国民年金（基礎年金）のみ、第2号被保険者は国民年金と厚生年金がある
- 保険料を10年以上納めると、65歳から老齢基礎年金が支給される
- 年金の支給額は加入期間によって異なり、40年間納めると満額支給で78万1700円（2020年度価額）。保険料未納期間や保険料免除期間があると減額に。支給額や支給見込み額は「ねんきん定期便」（150–151ページ参照）で確認できる

 **届け出先**　市区町村役場、年金事務所に請求

**年金の種類**

|  | 厚生年金 |  |
|---|---|---|
| 国民年金（基礎年金） |||
| ［第1号被保険者］ | ［第2号被保険者］ | ［第3号被保険者］ |
| 自営業者、学生、フリーターなど | 会社員　　公務員 | 第2号被保険者の扶養配偶者 |

以前は加入期間が25年以上でないと年金を受け取れませんでしたが、2017年8月から10年加入で受け取れるように。

# 75 会社員や公務員に支払われる年金
## 厚生年金

もらえるお金
約 **105**万円
（年収500万円・38年会社員の場合）

| | |
|---|---|
| **内容** | 会社員や公務員は第2号被保険者で、国民年金（基礎年金）に加えて厚生年金も受け取れます。 |
| **対象者** | 会社員、公務員 |
| **ポイント** | ●厚生年金に1カ月でも加入すると「老齢厚生年金」が受け取れる<br>●老齢厚生年金の保険料は給料（標準報酬）で決まり、給料などから天引き。標準報酬は「ねんきん定期便」（150-151ページ参照）で確認可能。支給額も加入期間と標準報酬に応じて決まる<br>●1961年4月1日までに生まれた男性（女性は1966年4月1日までに生まれ）は生まれ年によって60歳〜64歳まで報酬比例部分が受け取れる。それ以外の人は65歳から<br>●第1号被保険者、第3号被保険者より老後の年金が多い。障害を負った場合には「障害厚生年金」（86ページ参照）、死亡した場合には遺族が「遺族厚生年金（180ページ）」を受け取れる |
| **届け出先** | 年金事務所に請求 |

### 65歳より前に報酬比例部分（老齢厚生年金）が支給される人

| | |
|---|---|
| 1953年4月1日までの生まれ | **60**歳〜 |
| 1953年4月2日〜1955年4月1日までの生まれ | **61**歳〜 |
| 1955年4月2日〜1957年4月1日までの生まれ | **62**歳〜 |
| 1957年4月2日〜1959年4月1日までの生まれ | **63**歳〜 |
| 1959年4月2日〜1961年4月1日までの生まれ | **64**歳〜 |

※男性の場合。女性は5年遅れ（1964年4月2日生まれなら64歳〜など）

厚生年金は期間と年収で年金額は一人一人異なります。

PART 7 老後

# 50歳以上の人の「ねんきん定期便」の見方

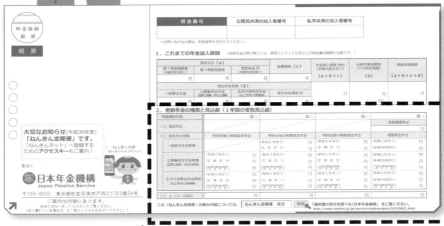

この部分を見る

## 2．老齢年金の種類と見込額（1年間の受取見込額）

| 受給開始年齢 | 歳～ | 歳～ | 65歳～ |
|---|---|---|---|
| （1）国民年金 | | | 老齢基礎年金<br>742,600 円 |
| （2）厚生年金保険 | 特別支給の老齢厚生年金 | 特別支給の老齢厚生年金 | 老齢厚生年金 |
| 一般厚生年金期間 | | （報酬比例分）（報酬比例部分）　　　円<br>（定　額）（定　額　部　分）　　　円 | （報酬比例部分）1,185,500 円<br>（経過的加算部分）　　　円 |
| 公務員厚生年金期間<br>(国家公務員・地方公務員) | （報酬比例部分）　　円<br>（定　額　部　分）　　円<br>（経過的職域加算額）<br>（共　済　年　金）　　円 | （報酬比）（報酬比例部分）　　　円<br>（定　額）（定　額　部　分）　　　円<br>（経過的職）（経過的職域加算額）<br>（共　済）（共　済　年　金）　　円 | （報酬比例部分）　　円<br>（経過的加算部分）　　円<br>（経過的職域加算額）<br>（共　済　年　金）　　円 |
| 私学共済厚生年金期間<br>(私立学校の教職員) | （報酬比例部分）　　円<br>（定　額　部　分）　　円<br>（経過的職域加算額）<br>（共　済　年　金）　　円 | （報酬比）（報酬比例部分）　　　円<br>（定　額）（定　額　部　分）　　　円<br>（経過的職）（経過的職域加算額）<br>（共　済）（共　済　年　金）　　円 | （報酬比例部分）　　円<br>（経過的加算部分）　　円<br>（経過的職域加算額）<br>（共　済　年　金）　　円 |
| （1）と（2）の合計 | 円 | 円 | 1,928,100 円 |

注：例として記載したのは1963年生まれで2020年現在
57歳の会社員年金見込み額。
1985年～2023年まで社員で1985年4月～
2003年3月（216カ月）の標準報酬月額36万円、
2003年4月～の標準報酬額48万円で試算（国民年金38年加入）

※2020年4月現在

### 将来の年金見込み額

このまま60歳まで勤め続けた場合の年金見込み額が記載されている

# 50歳未満の人の「ねんきん定期便」の見方

この部分を見る

| 2. これまでの加入実績に応じた年金額と<br>【参考】これまでの保険料納付額（累計額） | 加入実績に応じた年金額（年額） |
|---|---|
| （1）国民年金 | 老齢基礎年金 |
|  | 390,900 円 |
| （2）厚生年金保険 | 老齢厚生年金 |
| 一般厚生年金被保険者期間 | 500,400 円 |
| 公務員厚生年金被保険者期間（国家公務員・地方公務員） | 円 |
| 私学共済厚生年金被保険者期間（私立学校の教職員） | 円 |
| （1）と（2）の合計 | 891,300 円 |

注：例として記載したのは1980年生まれで2020年現在
40歳の会社員の40歳誕生月時点での年金見込み額。
2002年～2003年3月まで（12カ月）の標準報酬月額36万円、
2003年4月～2020年4月（204カ月）は標準報酬額42万円で
試算

※2020年4月現在

**これまでの加入実績による年金見込み額**

今後も保険料を納めることで、将来の年金額は記載された額より多くなる

PART7 老後

# 76 加給年金

配偶者や子どもがいる人の年金には家族手当のような加算も

もらえるお金
**39万900円**／年

|  内容 | 65歳に達したとき、扶養している配偶者や子どもがいる場合には、「加給年金」が上乗せされます。年金における家族手当のような位置づけです。 |
|---|---|
| 対象者 | 厚生年金に20年以上加入し、老齢厚生年金を受け取っている人で、一定の条件を満たす配偶者や子どもがいる人 |
|  ポイント | ● 65歳未満の配偶者がいて、配偶者の年収が将来にわたって850万円未満であれば配偶者加給年金39万900円が支給される<br>● 18歳になってから最初の3月31日を迎える前の子ども（障害者1級、2級の子は20歳未満）がいる場合は、加給年金が支給される<br>● 配偶者自身が厚生年金に20年以上加入し、老齢厚生年金を受け取っている、障害年金を受けたりしている間は、配偶者加給年金は停止される（配偶者に十分な年金があるとみなされるため） |
|  届け出先 | 老齢厚生年金の受給手続きをすると自動的に加算 |

年金の繰下げ受給（158ページ参照）をすると加給年金はもらえなくなりますから、注意してください。

## 子どもの加算

| | 加給年金額 |
|---|---|
| 1人目・2人目の子 | 各**22万4900**円 |
| 3人目以降の子 | 1人増えるごとに 各**7万5000**円 |

※2020年度価額

# 77 加給年金の対象だった配偶者の老齢基礎年金に加算される
## 振替加算

もらえるお金
約**6**万円／年
（2020年・65歳の人の場合）

 **内容**
加給年金は配偶者が65歳になると打ち切られます。加給年金は、扶養されている配偶者がいるので支給されるものであり、配偶者が65歳になれば自身の老齢基礎年金が支給されるからです。とはいえ、1986年4月1日以前は会社員の妻の年金加入は任意だったため、加入期間が短く、年金額も少なくなっています。そこで、年金額が多くない妻には、加給年金の代わりとして、老齢基礎年金に「振替加算」がプラスされます。

 **対象者**
加給年金の対象だった配偶者で、自身の老齢基礎年金受給がはじまった人。ただし1966年4月2日以降生まれの妻には支給されない（1986年に20歳の人なので、その後、年金は強制加入となり、40年間加入することができ、十分な老齢基礎年金が受け取れると判断されるため）

 **ポイント**
● 振替加算額は、配偶者の生年月日に応じて異なる（加給年金額とは異なる）

 **届け出先**
年金の受給手続きをすると自動的に加算

加給年金の対象だった配偶者でも1966年4月2日以降に生まれた配偶者には支給されません。支給される人も、加給年金と額が異なりますから気を付けて。

## 振替加算額（2020年度価額）

| 配偶者の生年月日 | 年額（円） |
| --- | --- |
| 1954年4月2日〜1955年4月1日 | 5万6900円 |
| 1955年4月2日〜1956年4月1日 | 5万1052円 |
| 1956年4月2日〜1957年4月1日 | 4万4980円 |
| 1957年4月2日〜1958年4月1日 | 3万8908円 |
| 1958年4月2日〜1959年4月1日 | 3万3060円 |
| 1959年4月2日〜1960年4月1日 | 2万6988円 |
| 1960年4月2日〜1961年4月1日 | 2万916円 |
| 1961年4月2日〜1962年4月1日 | 1万5068円 |
| 1962年4月2日〜1963年4月1日 | 1万5068円 |
| 1963年4月2日〜1964年4月1日 | 1万5068円 |
| 1964年4月2日〜1965年4月1日 | 1万5068円 |
| 1965年4月2日〜1966年4月1日 | 1万5068円 |

# 78 働く高齢者にも年金は支給される
## 在職老齢年金

| | |
|---|---|
|  **内容** | 生年月日に応じて60歳〜65歳に年金の支給がはじまりますが、60歳以降も働く人が増えています。働きながら受給する年金を「在職老齢年金」といい、給料が一定額を超える場合は年金額が調整されます。 |
|  **対象者** | 働きながら厚生年金を受給する人 |
|  **ポイント** | 調整されるのは厚生年金部分で、基礎年金は全額支給される<br><br>＜65歳未満＞<br>●給料と年金の合計月額が28万円以下の場合、年金は全額支給<br>●給料と年金の合計月額が28万円を超えると、超えた分の半分がカット<br>●月の給料が47万円を超えると、超えた分がカット<br>＊年金（厚生年金部分）は全額カットされると、加給年金も支給されない<br><br>＜65歳以上＞<br>●給料と年金の合計月額が47万円以下なら年金は全額支給<br>●給料と年金の合計月額が47万円を超えると、超えた分の半分がカット |
|  **届け出先** | 年金事務所 |

> 年金額が調整されるのは、厚生年金に加入して働く人です。労働時間が短くて厚生年金に加入しない人、自営業者として働く人は調整されず、全額支給されます。

## 60歳以上65歳未満の在職老齢年金

| 総報酬月額※ | 厚生年金の月額 |||||||
|---|---|---|---|---|---|---|---|
| | 10万円 | 12万円 | 14万円 | 16万円 | 18万円 | 20万円 |
| 20万円 | 9万円 | 10万円 | 11万円 | 12万円 | 13万円 | 14万円 |
| 24万円 | 7万円 | 8万円 | 9万円 | 10万円 | 11万円 | 12万円 |
| 28万円 | 5万円 | 6万円 | 7万円 | 8万円 | 9万円 | 10万円 |
| 32万円 | 3万円 | 4万円 | 5万円 | 6万円 | 7万円 | 8万円 |
| 36万円 | 1万円 | 2万円 | 3万円 | 4万円 | 5万円 | 6万円 |

※（標準報酬月額）+（直近1年間の標準賞与額の合計）÷12

厚生年金の月額が10万円の場合、給料が20万円だと年金は9万円（1万円カット）、給料が28万円では5万円（5万円カット）

# 79 年金の繰上げ・繰下げ

受給を遅らせれば年金支給額は最大42%アップ

トクするお金 約**33**万円
（老齢基礎年金・70歳まで繰下げの場合）

 **内容**
厚生年金は生年月日に応じて60歳〜65歳、国民年金（基礎年金）は65歳から支給されますが、希望すれば60歳〜70歳の範囲で支給開始を早めたり（繰上げ）、遅らせたり（繰下げ）できます。1カ月繰上げると支給額が0.5%（5年で30%）減り、1カ月繰下げると0.7%（5年で42%）増え、その額が一生続きます。

 **対象者**
年金をこれから受給する人

 **ポイント**
- 国民年金、厚生年金それぞれ1カ月単位で繰上げ、繰下げを選択可能
- 繰上げた場合は「寡婦年金」（184ページ参照）や「障害年金」（86〜89ページ参照）を受け取れない
- 繰下げる間、「加給年金」（152ページ参照）も支給されない。たとえば5歳年下の専業主婦の妻がいる夫が5年繰下げると、200万円近い加給年金が受け取れなくなる
- 受取総額を考えると、繰上げは長生きするほど損、繰下げは長生きするほど得。繰下げの場合、受給開始から12年程度経過すると、繰下げなかった場合より受取総額が多くなる。ただし繰下げていた分を全額まとめて支給してもらうこともできる（増額はなし）ので、長生きが難しいと感じた際にも、もらい損を避けられる

 **届け出先**
年金事務所（繰下げは受給手続きをしなければいいだけ）

年下の妻がいる夫の繰下げは加給年金を考慮して慎重に。女性は統計的に男性よりも長生きなので夫より妻の分の繰下げが効果的です。

## 年金の繰り下げ

| | | 年金の受け取り開始年齢 ||||||
|---|---|---|---|---|---|---|---|
| | | 65歳〜 | 66歳〜 | 67歳〜 | 68歳〜 | 69歳〜 | 70歳〜 |
| 受給率(%)<br>(65歳から受け取った場合を100とした、年金支給割合) || 100 | 108.4 | 116.8 | 125.2 | 133.6 | 142 |
| この年齢まで生きた場合の受け取り総額例(%) | 77歳時点 | 1300 | 1300.8 | 1284.8 | 1252 | 1202.4 | 1136 |
| | 78歳時点 | 1400 | 1409.2 | 1401.6 | 1377.2 | 1336 | 1278 |
| | 79歳時点 | 1500 | 1517.6 | 1518.4 | 1502.4 | 1468.6 | 1420 |
| | 80歳時点 | 1600 | 1626 | 1635.2 | 1627.6 | 1603.2 | 1562 |
| | 81歳時点 | 1700 | 1734.4 | 1752 | 1752.8 | 1736.8 | 1704 |

■部分以降は年金総額で多くなる

PART7 老後

# 80 国民年金保険料の免除制度

経済的事情で納付が困難なら納付免除で一定の保障が得られる

トクするお金 約16万円

 **内容** 自営業やフリーランスの人は国民年金の保険料を自身で納める必要がありますが、事業がうまくいっていないなどで納付が難しい場合、所得によっては「保険料免除・納付猶予」が受けられます。

 **対象者** 所得が一定以下の人や失業した人など保険料の納付が困難な人

**ポイント**
- 未納のまま放置すると、もしものときに障害基礎年金、遺族基礎年金が受けられない場合がある
- 「保険料免除」は、所得に応じて全額、4分の3、半額、4分の1の4種類。免除期間も加入期間に算入され、障害基礎年金、遺族基礎年金が受けられる。老齢基礎年金の額にも一部反映
- 「保険料猶予」ができるのは50歳未満の人。その場合も加入期間には算入され、障害基礎年金、遺族基礎年金が受けられる。老齢基礎年金の額には反映されない
- 保険料免除・納付猶予を受けたあと、保険料を追納することもでき、それにより年金額が増える
- 学生はこの制度を利用できないが、「学生納付特例制度」がある。適用されれば加入期間に算入され、障害基礎年金、遺族基礎年金は支給される。老齢基礎年金額には反映されない

 **届け出先** 市区町村

公的年金は、老後だけでなく障害や死亡についても保障しています。時代に合わせた制度改正はありますが、正しい知識をもつことが私たちの生活を守ることにつながります。詳しく知りたい方には、権丈善一著『ちょっと気になる社会保障V3』(勁草書房)がおすすめです。

## 保険料免除になる所得の基準

| | 全額免除 | 一部免除 3/4免除 | 一部免除 1/2免除 | 一部免除 1/4免除 |
|---|---|---|---|---|
| 単身世帯 | 57万円 | 93万円 | 141万円 | 189万円 |
| 夫婦2人世帯 | 92万円 | 142万円 | 195万円 | 247万円 |
| 夫婦+子ども2人世帯※ | 162万円 | 230万円 | 282万円 | 335万円 |
| 保険料免除された期間についての年金額（　）内は2009年3月分まで | 1/2（1/3） | 5/8（1/2） | 6/8（2/3） | 7/8（5/6） |

**国民年金加入者の産前産後期間の保険料免除制度**
フリーランスなどの第1号被保険者も産前産後の年金保険料が免除になりました（出産日が2019年2月1日以降の方が対象）。出産予定日または出産日が属する月の前月から4カ月間（産前産後期間）国民年金保険料が免除されます。国民年金保険料免除は、一般の免除とは異なり、受け取る年金額は減額されません。産前産後期間として認められた期間は保険料を納付したものとして老齢基礎年金の受給額に反映されます。届け出先は、市区町村で、出産予定日の6カ月前から提出可能です。

PART7 老後

# 81 高齢者医療制度

70歳以上の医療費の自己負担額は1～3割

トクするお金
1カ月負担の上限
**1万8000円**

**内容**: 65歳以上75歳未満の人は「前期高齢者」、75歳以上の人は「後期高齢者」とされ、後期高齢者は「後期高齢者医療制度」に移行します。

**対象者**: 70歳以上の人

**ポイント**:
- 70歳未満と70歳以上の人では、「高額療養費」の内容が異なる
- 2014年4月1日以後に70歳になる人は、医療費の自己負担額が2割。1カ月の所得が28万円以上の人は3割負担。被扶養者についても同じ
- 2014年3月31日までに70歳になった人は、医療費の自己負担額は1割
- 外来・入院により、同一医療機関の窓口で支払う金額は、月ごとの上限額まで

**届け出先**: 市区町村

70歳以上になると自己負担額の上限が低くなります。現役時代には収入が減るリスクがありますが、リタイア後であればそのリスクもなし。高齢になってからの医療費について、過度な心配はいりません。

## 70歳以上の人の高額療養費（自己負担限度額）

| | | 外来（個人ごと） | 入院や外来（世帯ごと） |
|---|---|---|---|
| 現役並み | 年収約1160万円以上 | 25万2600円＋（医療費－84万2000円）×1%<br>（多数回14万100円※） | |
| 現役並み | 年収約770万円～約1160万円 | 16万7400円＋（医療費－55万8000円）×1%<br>（多数回9万3000円※） | |
| 現役並み | 年収約370万円～約770万円 | 8万100円＋（医療費－26万7000円）×1%<br>（多数回4万4400円※） | |
| 一般 | 年収156万円～約370万円 | 1万8000円<br>年間上限14万4000円 | 5万7600円<br>（多数回4万4400円※） |
| 低所得者 | 住民税非課税世帯 | 8000円 | 2万4600円 |
| 低所得者 | 住民税非課税世帯（年金収入80万円以下など） | 8000円 | 1万5000円 |

※多数回とは、過去12カ月以内に3回以上、上限額に達した場合、4回目から「多数回該当」として上限額が下がる

PART7 老後

# 82 介護認定を受ければ介護サービスが利用できる
## 介護保険 ❶（条件）

ラクするお金
支給限度額
約**36**万円
（要介護5の場合）

 **内容**

介護保険は介護が必要な人や、介護を予防する必要がある人に対し、介護サービスを提供するもので、40歳以上の人が加入します。65歳以上の加入者を「第1号被保険者」といい、保険料は原則年金から差し引かれ、40歳～64歳の「第2号被保険者」は医療保険と一緒に保険料を支払います。医療保険（健康保険など）は加入していれば誰でも給付を受けられますが、介護保険の給付を受けるには介護認定を受ける必要があります。

 **対象者**：40歳以上の人

 **ポイント**

- 介護認定を受けるには、市区町村の窓口に申請。市区町村から調査員が派遣され、心身の状況などに関して調査が行われる（面接など）。主治医の意見書も考慮して介護認定審査会が審議し、認定する。申請から認定まで1カ月程度かかる
- 介護認定には、状態が軽い人から順に要支援1～2、要介護1～5の区分がある。目安としては、身の回りの世話に見守りや手助けが必要で、立ち上がりや歩行に支えが必要な場合は要介護1など
- 第2号被保険者（40歳～64歳）でも、末期がん、関節リウマチなど、加齢に起因する特定の病気でも、要介護者として認定されれば介護サービスが利用できる

 **届け出先**：市区町村

親の不調を早めに気づき、介護保険の申請をしましょう。体調など気になることがあれば、早め早めに医療機関を受診することも大切。かかりつけ医をつくっておくと安心です。

# 介護保険サービスの支給限度額

| 区分 | 身体の状態の目安 | 支給限度額／月 |
|---|---|---|
| 要支援1 | ほぼ自立して生活できるが、家事などで一部支援が必要 | 5万30円 |
| 要支援2 | 立ち上がりや歩行が不安定。介護状態への移行を防ぐために、予防重視の支援が必要 | 10万4730円 |
| 要介護1 | 立ち上がりや歩行が不安定。家事能力などが低下し、部分的に介護が必要 | 16万6920円 |
| 要介護2 | 立ち上がりや歩行が困難。食事・洗濯・入浴などに一部介護が必要 | 19万6160円 |
| 要介護3 | 立ち上がりや歩行がかなり困難。食事・洗濯・入浴などに全面的介護が必要 | 26万9310円 |
| 要介護4 | 立ち上がりが非常に困難。食事・洗濯・入浴などに全面的介護が必要。介護なしでは日常生活が困難 | 30万8060円 |
| 要介護5 | 寝たきりなどで、生活全般に全面的な介護が必要。介護なしでは日常生活が不可能 | 36万650円 |

※支給限度額は標準的な地域の例。1級地（東京23区）では1単位が高いので介護サービスの利用料が高くなる。
賃金や物価の高い地域には、地域別、サービス種類別の単価表が用いられている。

# 83 介護保険 ❷（サービス）

自己負担額1割で介護サービスを利用可能

もらえるお金
住宅改修で
**18万円**

## 内容
介護保険ではさまざまなサービスが利用できます。要介護度ごとに医療保険とは異なり、利用限度額が決められているのが特徴です。収入にもよりますが、ほとんどの人は1割の自己負担で利用できます。

## 対象者
40歳以上の人

## ポイント
- 介護保険で利用できるサービスは、施設に入居して受けるサービス、施設に通うことで受けるサービス、在宅で受けるものなどさまざま。福祉用品のレンタルもある
- 利用者の負担は収入によって異なるが、ほとんどの人は1割。収入が多い人は2割、3割負担。
- 要介護者が自宅に手すりを取り付ける、段差の解消、滑りの防止、引き戸への扉の取り替えなどの住宅改修を行う場合、費用の9割が支給される。ただし20万円の9割（18万円）が上限。要介護状態区分が3段階上昇した場合、転居した場合は、再度20万円までの支給が受けられる
- 福祉用具のレンタル、自宅の修繕などで給付を受けるには、要介護認定を受けた後にケアマネージャーなどに相談して申請手続きを経てから行う必要がある（場合によっては事後の申請でも給付される可能性はある）

## 届け出先
市区町村

> 介護サービスは本人だけでなく家族のサポート状況も考慮してケアプランを作ります。困っていることを伝えて、様々なサービスを上手に使いましょう。

## 介護保険の利用者負担の割合

| 第1号被保険者※（65歳以上） ||||  第2号被保険者（40歳〜64歳） |
|---|---|---|---|---|
| 本人の所得金額が160万円未満 | 本人の所得金額が220万円以上 |||  1割 |
| ^ | 同一世帯の第1号被保険者の年金収入 ＋ その他の合計所得 |||  ^ |
| ^ | 346万円未満 | 346万円以上 | 463万円以上 | ^ |
| 1割 | 1割 | 2割 | 3割 | ^ |

※世帯に65歳以上の方が2人以上の場合

## 在宅サービスの目安

| | 支給限度額 | サービス内容 |
|---|---|---|
| 要介護2 | **19万6160円**（自己負担1万9616円） | 週3回の訪問介護、週1回の訪問看護、週3回の通所系サービス、3カ月に1週間ほどの短期入所、福祉用具の貸与など／1日1〜2回程度のサービス |
| 要介護5 | **36万650円**（自己負担3万6065円） | 週5回の訪問介護、週2回の訪問看護、週1回の通所系サービス、毎日2回（早朝・夜間）の夜間対応型訪問介護、1カ月に1週間ほどの短期入所、福祉用具の貸与など／1日3〜4回程度のサービス |

※支給限度額は標準的な地域の例。自己負担額は1割負担の例。

PART7 老後

# 84 一定額を超えた介護サービス費の自己負担分が還付される
## 高額介護サービス費

トクするお金
1カ月負担の上限
**4万4400円**

| | |
|---|---|
| **内容** | 介護保険を利用すればサービスを受けた場合の自己負担は原則1割ですが、それでも継続的にかかるのが普通であり、費用負担が重くなりがちです。医療費には一定額を超えた分が戻ってくる「高額療養費」（80ページ参照）という制度がありますが、介護サービス費についても自己負担額が一定額を超えた分が戻ってくる「高額介護サービス費」という制度があります。 |
| **対象者** | 介護サービスの自己負担額が一定額を上回る人（世帯の合算でも可） |
| **ポイント** | ●自己負担額の月々の上限は、所得などに応じて設定されている<br>●2017年8月からの3年間は、時限措置として、1割負担者（年金収入280万円未満）の世帯については年間上限額が44万6400円となる<br>●個人に対する上限額のほかに、世帯での上限額もあり、世帯の合計で上限額を超えると給付が受けられる。世帯とは、住民基本台帳上の世帯員を指す<br>●サービス事業者に普通に代金を支払い、あとから限度額を超える分が戻る<br>●支給を受けるには市区町村の介護保険の窓口に申請が必要。一度手続きすると、以後は自動的に還付される |
| **届け出先** | 市区町村 |

一度申請手続きをすれば以降は自動的に還付されます。領収書を保管し、いくら自己負担しているか、1カ月単位で確認するといいでしょう。

## 高額介護サービス費の支給区分

| | 1カ月の負担の上限 |
|---|---|
| 現役並み所得者に相当する人がいる世帯の人 | 4万4400円（世帯） |
| 世帯内に住民税を課税されている人がいる人 | 4万4400円（世帯） |
| 世帯内の全員が住民税非課税 | 2万4600円（世帯） |
| 福祉年金を受給している | 2万4600円（世帯） |
| 前年の合計所得金額と公的年金等収入額の合計が年間80万円以下の人など | 1万5000円（個人） |
| 生活保護を受給している人 | 1万5000円（個人） |

2017年8月からの3年間は、1割負担者（年金収入280万円未満）のみの世帯については年間上限額を**44万6400円**とする

PART7 老後

# 85 医療費と介護費の年間負担が多いと一部が給付される
## 高額医療・高額介護合算療養費

もらえるお金
1年間の限度額
**56万円**
（70歳以上・一般）

### 内容
同じ世帯に医療と介護を受ける人がそれぞれいる場合、年間で医療費、介護費の合計が一定額を超えた分が戻ってくる「高額医療・高額介護合算療養費制度」があります。

### 対象者
医療保険と介護保険に加入し、一定額以上の自己負担をしている世帯

### ポイント
- 世帯で合算するには、夫婦とも「後期高齢者医療制度」、あるいは夫婦とも「国民健康保険制度」など、同じ医療制度に加入していることが条件。夫は「後期高齢者医療制度」、妻は「国民健康保険制度」など加入している医療制度が異なる場合は合算できない
- 医療費だけで上限額を超えるのでは適用されず、医療費と介護費の両方を負担していることが条件
- 対象期間は8月〜翌7月までの1年間で、この期間内の医療費と介護費の自己負担額が一定額を超えた場合に給付が受けられる

### 届け出先
市区町村

支給を受けるには市区町村の介護保険の窓口に申請する必要があります。漏れなどないように。

## 高額医療・高額介護合算療養費制度

| 所得区分 | | 自己負担限度額 |
|---|---|---|
| 70歳以上の世帯 | 年収約1160万円〜 | **212**万円 |
| | 年収約770万円〜1160万円未満 | **67**万円 |
| | 年収約370万円〜770万円未満 | **56**万円 |
| | 市町村民税 世帯非課税 | **31**万円 |
| | 市町村民税 世帯非課税（年金収入80万円以下） | **19**万円 |
| 70歳未満の世帯 | 年収約1160万円〜／標報※83万円以上 | **212**万円 |
| | 年収約770万〜約1160万円未満／標報※53万〜79万円 | **141**万円 |
| | 年収約370万〜約770万円未満／標報※28万〜50万円 | **67**万円 |
| | 年収約370万円未満 標報※26万円以下 | **60**万円 |
| | 市町村民税世帯非課税 | **34**万円 |

※ 標報……標準報酬月額のこと。健康保険の等級にあわせた月収

PART7 老後

## 税金でトクする制度 …… 5
# iDeCo

国民年金や厚生年金といった加入が義務付けられている公的年金のほかに、自身の意思で、国民年金などに上乗せするのが、「iDeCo（個人型確定拠出年金）」です。20歳から60歳未満の人が加入できます。

証券会社などの金融機関にiDeCoの口座を開設し、金融機関が用意している投資信託、預金商品、保険商品などの中から、どう資金を運用していくかを自分で選択。60歳以降に年金や一時金あるいは年金と一時金の併用で受け取ります。

iDeCoには税制面で大きなメリットがあります。1つは、掛け金（積み立てるお金）の全額が所得控除されること。所得が減る分、所得税や住民税が安くなります。拠出額が毎月1万円で所得税の税率が20％の人なら、12万円×20％で所得税だけでも2万4000円の節税効果です。

また運用によって得られた利益も非課税で、長期間運用すれば複利効果も大きくなります。

さらに一時金で受け取る場合は「退職所得控除」、年金として受け取る場合は「公的年金等控除」が適用され、税優遇が受けられます。

掛け金には上限があり、自営業者は年額81万6000円、会社員は勤務先の年金制度によって14万4000円〜27万6000円、公務員は14万4000円、専業主婦・専業主夫は27万6000円です。はじめるときと、運用中受取時に手数料がかかり、金額は金融機関によって異なります。

原則的に60歳まで引き出せませんから、教育費の準備などを考えながら、無理のない範囲ではじめるといいでしょう。

# 弔意

PART 8

# 86 亡くなった人を埋葬すると数万円が給付される
## 埋葬料・家族埋葬料・埋葬費・葬祭費

もらえるお金
**5万円**

**内容**　家族や知人が故人を埋葬する際には、故人が加入していた健康保険から「埋葬料」などが支給されます。加入していた医療保険制度によって、制度の名称や金額が異なります。

**対象者**　健康保険に加入していた故人を埋葬した人

**ポイント**

- **埋葬料** 健康保険の被保険者本人（世帯主など）が亡くなり、扶養家族が埋葬した場合。金額は一律5万円
- **家族埋葬料** 健康保険の被保険者の家族（被扶養者）が亡くなり、埋葬した場合。金額は一律5万円
- **埋葬費** 健康保険の被保険者が亡くなり、扶養家族がおらず、友人、知人、会社などが埋葬した場合、実際にかかった費用を5万円の範囲内で支給。認められるのは葬儀代、霊柩車代、僧侶への謝礼、火葬代、霊前供物代などで、葬儀に参列した人の接待費用、香典返しなどは含まれない
- **葬祭費** 国民健康保険や後期高齢者医療制度の加入者が亡くなった場合に支給。金額は市区町村によって異なる。1万円～7万円程度が目安

●死亡した翌日から2年で時効になるので早めに手続きする

**届け出先**：健康保険組合、協会けんぽ、市区町村

「埋葬費」は親族でなくても支給されますので、忘れずに手続きして給付を受けてください。

## 会社を退職後に死亡した場合の扱い ＊協会けんぽの例

**1** 被保険者が、資格喪失後3カ月以内に死亡

**2** 被保険者が、資格喪失後の傷病手当金または出産手当金の継続給付を受けている間に死亡

**3** 被保険者が、2の継続給付を受けなくなってから3カ月以内に死亡

このいずれかの場合
**埋葬料(費)を支給**

PART8 弔意

# 87 受け取っていない分の年金は遺族が受け取れる
## 未支給年金給付

もらえるお金 最大 年金2カ月分

**内容**: 年金は2〜3月分が4月に振り込まれるなど、2カ月分ずつ偶数月に後払いです。たとえば2月に亡くなれば2月分までなど、本人が亡くなった月の分まで支給されますが、後払いですから、振り込まれるのは4月で本人が亡くなってから。これを「未支給年金」といい、遺族が受け取ることができます。

**対象者**: 年金受給者の遺族

**ポイント**:
- 年金を受給していた人が亡くなったら、「年金受給者死亡届（報告書）」の提出が必要（日本年金機構にマイナンバーを登録していれば省略できる）。報告が遅れると、権利がない分が支給されることがあり、あとで返金が必要になる
- 「未支給年金給付」を請求できる人は、亡くなった人と生計を同じくしていた人。同居だけでなく、定期的に仕送りを受けていた、というのでも可能。優先順位は、配偶者→子→父母→孫→祖父母→兄弟姉妹→その他、3親等以内の親族
- 「未支給年金給付」は受け取った人の「一時所得」になり、1年間の一時所得の合計が50万円を超える場合は確定申告が必要

**届け出先**: 年金事務所

> 年金は後払いなので、故人が年金を受給していた人なら必ず1カ月から2カ月分の未支給分があります。しっかり手続きを。

# 88 亡くなる前日までの失業給付を遺族が請求できる
## 未支給失業給付

もらえるお金 **失業給付分**の金額

**内容**：「失業給付の基本手当」など、失業給付を受け取っている途中で亡くなった場合、遺族は亡くなる前日までの未支給分を「未支給失業給付」として請求できます。

**対象者**：失業給付受給者の遺族

**ポイント**：
- 基本手当のほかに、「教育訓練給付」「高年齢雇用継続給付」「育児休業給付」「技能習得手当」「寄宿手当」「傷病手当」「就業促進手当」「移転費」「求職活動支援費」の未支給分も請求できる
- 「未支給失業給付」を請求できる人は、亡くなった人と生計を同じくしていた人。優先順位は、配偶者→子→父母→孫→祖父母→兄弟姉妹
- 死亡を知った日の翌日から1カ月以内に請求する必要がある。亡くなったことを知らなくても、亡くなった日の翌日から6カ月経過すると請求できない

**届け出先**：ハローワーク

PART8 弔意

> 請求できる期間は約1カ月と短いです。亡くなった後は葬儀や他の手続きなどであっという間に日にちが過ぎてしまいます。早めに請求しましょう。

## 89 夫を亡くした子のいる妻や子どもの生活を支えるために
# 遺族基礎年金

もらえるお金
約 **123万円／年**
（配偶者と子ども2人の場合）

**内容**
国民年金や厚生年金に加入している人が亡くなった場合、その人に子のある配偶者や子がいれば、その人たちの生活の支えとして「遺族基礎年金」が支給されます。子のいない配偶者には支給されませんから注意が必要です。

**対象者**
死亡した人によって生計を維持されていた子のある配偶者、子。
亡くなった人が以下いずれかの条件に該当すること
- 国民年金の期間が25年以上で、死亡月の前々月までに保険料納付期間（免除期間を含む）の3分の2以上、保険料を納付している
- （2026年4月1日までは）死亡時に65歳未満で、死亡する前月までの1年間の保険料を納付すべき期間に保険料滞納がない

**ポイント**
- 子は、18歳になってから最初の3月31日を迎えていない子。または20歳未満で障害年金の障害等級1級か2級の子
- 支給額は亡くなった人が国民年金に加入していた期間や年収に関係なく、一律
- 子のいない配偶者には支給されない
- 子のいる妻が再婚し、夫（再婚した相手）が亡くなった場合、夫が子と養子縁組していないと遺族年金は受給できない

**届け出先**：国民年金加入者は市区町村、厚生年金加入者は年金事務所

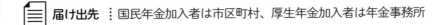

配偶者と子ども2人の場合、年間で約123万円が受け取れます。生活費のベースになりますから、それで足りない分を生命保険などでカバーするといいでしょう。

## 遺族基礎年金の年金額（2020年度）

### 子のいる配偶者が受給する場合

| | 基本額 | 加算額 | 合計 |
|---|---|---|---|
| 子どもが1人 | 78万1700円 | 子ども1人につき 22万4900円 | 100万6600円 |
| 子どもが2人 | | | 123万1500円 |
| 子どもが3人以上 | | 以降子ども1人につき 7万5000円 | 子ども3人 130万6500円 |

### 子のみの場合

| | 基本額 | 加算額 | 合計 |
|---|---|---|---|
| 子どもが1人 | 78万1700円 | — | 78万1700円 |
| 子どもが2人 | | 22万4900円 | 100万6600円 |
| 子どもが3人以上 | | 以降子ども1人につき 7万5000円 | 子ども3人 108万1600円 |

PART8 弔意

# 90 遺族厚生年金

厚生年金加入者の遺族は受け取る年金も多い

もらえるお金
約**52**万円／年
（年収500万円の場合）

**内容**

厚生年金に加入している人が亡くなると、「遺族基礎年金」に加えて「遺族厚生年金」が支給されます。

**対象者**

死亡した人によって生計を維持されていた人で、優先順位は、配偶者と子ども→父母→孫→祖父母の順

亡くなった人が以下いずれかの条件に該当すること
- 厚生年金の被保険者
- 厚生年金の被保険者だったときに初診日のある病気やケガが原因で、初診日から5年以内に亡くなった
- 1級または2級の障害厚生年金を受給していた
- 厚生年金の加入期間が25年以上

**ポイント**

- 子は、18歳になってから最初の3月31日を迎えていない子。または20歳未満で障害年金の障害等級1級か2級の子
- 30歳未満の子のいない妻は、支給期間が5年間のみ
- 夫、父母、祖父母の受給は、加入者の死亡時に55歳以上である場合に限られ、受給できるのは60歳から。ただし「遺族基礎年金」を受給している夫は、合わせて「遺族厚生年金」も受給できる
- 支給額は厚生年金の加入期間や収入によって異なる。加入期間が300月に満たない場合は300月とみなして計算した額が支給される

**届け出先**：年金事務所

就職して間もない人、若い人でも25年加入したものとして計算され、遺族には一定の安心感があります。

## 遺族厚生年金の支給額 … ①+②が支給額

① 2003年3月までの加入期間分

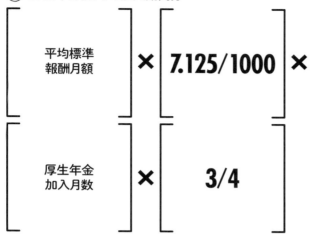

② 2003年4月以降の加入期間分

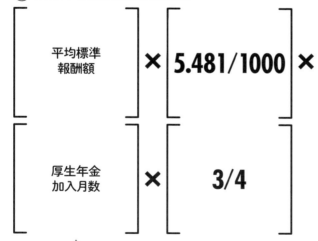

①②ともに、厚生年金加入月数が300月未満の場合は300として計算

# 91 厚生年金加入の夫を亡くした独り身の妻に支給
## 中高齢寡婦加算

もらえるお金 58万6300円/年

**内容**
厚生年金に加入していた夫が亡くなったときに一定の要件を満たす妻は、「中高齢寡婦加算」という給付が受けられます。夫の死亡当時に子どもがいても、18歳（障害者では20歳）になると遺族基礎年金が受給できなくなるため、家計単位でみると収入が大きく下がります。そこで、妻が年金を受け取れる65歳までの間をつなぐ意味合いで支給されるのが「中高齢寡婦加算」です。

**対象者**
厚生年金に加入していた夫を亡くした妻で、以下いずれかの条件に該当する人
- 夫の死亡当時、40歳〜65歳未満で、生計を同じくしている子がいない
- 遺族基礎年金と遺族厚生年金を受給していたが、子が18歳（障害者では20歳）になり、遺族基礎年金が受給できなくなった

**ポイント**
- 受給できるのは妻が65歳になるまで
- 支給額は厚生年金の加入期間や収入にかかわらず、一律で年額58万6300（2020年度）円
- 自営業者（国民年金加入者）が死亡した場合、配偶者には「遺族厚生年金」「中高齢寡婦加算」が支給されません

**届け出先**：年金事務所（遺族厚生年金請求書で手続きしている）

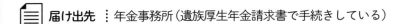

遺族への保障は亡くなった人の職業（会社員か自営業者か）や、受け取る遺族によって異なることを知っておきましょう。

## 夫が自営業か会社員かで遺族年金はどう違うか

### 自営業の夫が亡くなったケース

国民年金

- 遺族基礎年金 年額**78万1700円**
- 子の加算 年額**44万9800円**
- 子の加算 年額**22万4900円**
- 老齢基礎年金 年額**78万1700円**

▲ 夫 35歳 死亡 / 妻 30歳 / 長男 5歳 / 長女 2歳
▲ 妻 43歳 / 長男18歳 / 長女15歳
▲ 妻 46歳 / 長女18歳
▲ 妻65歳
▲ 妻85歳

\注意/ 85歳までの公的年金総額は約**3466万**円

### 会社員の夫が亡くなったケース（厚生年金加入者10年）

厚生年金

- 中高齢寡婦加算 年額**58万6300円**
- 遺族厚生年金 年額**48万900円**

国民年金

- 遺族基礎年金 年額**78万1700円**
- 子の加算 年額**44万9800円**
- 子の加算 年額**22万4900円**
- 老齢基礎年金 年額**78万1700円**

▲ 夫 35歳 死亡 / 妻 30歳 / 長男 5歳 / 長女 2歳
▲ 妻 43歳 / 長男18歳 / 長女15歳
▲ 妻 46歳 / 長女18歳
▲ 妻65歳
▲ 妻85歳

\注意/ 85歳までの公的年金総額は約**7225万**円

※平均標準報酬月額30万円
※2020年度

# 92 寡婦年金

自営業の夫を亡くした独り身の妻に5年間支給

もらえるお金 約58万円/年

**内容**

自営業（国民年金加入者）の夫を亡くした、18歳未満（障害者では20歳未満）の子がいない妻には「遺族基礎年金」（178ページ参照）がない代わりに、「寡婦年金」が支給されます。また子どもがいて「遺族基礎年金」を受給していた妻でも、妻が60歳になるまでに子どもが18歳になって支給が停止すれば、その後、「寡婦年金」を受け取ることができます。

**対象者**

以下の条件を満たす人
- 18歳未満（障害者では20歳）の子どもがいない60歳〜65歳の妻
- 第1号被保険者として、夫の保険料納付済期間と保険料免除期間の合計が25年以上
- 亡くなった夫に扶養されていた妻
- 夫が亡くなった時点で婚姻期間が連続10年以上
- 夫が障害基礎年金や老齢基礎年金を受給せずに亡くなった

**ポイント**

- 受給できるのは妻が65歳になるまで
- 支給額は夫が受給するはずだった老齢基礎年金の4分の3の額で、夫の加入期間や保険料納付期間などによって異なる
- 妻が自身の老齢基礎年金を繰上げ受給している場合や再婚した場合には支給されない

**届け出先**：市区町村

「死亡一時金」（186ページ参照）と両方をもらうことはできないので、有利な方を選択しましょう。

## 寡婦年金と遺族基礎年金の関係

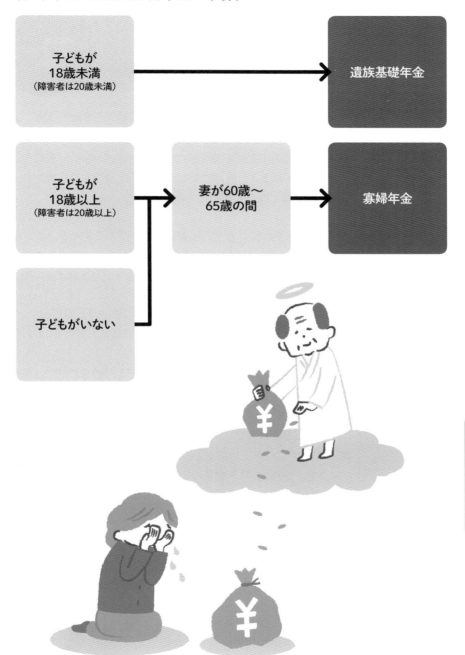

# 93 自営業者の遺族に給付
## 死亡一時金

もらえるお金 最大 **32万円**

**内容**
自営業（国民年金加入者）で36カ月以上保険料を納めた人が、老齢基礎年金や障害基礎年金を受給せずに亡くなり、子どもがいないなどで遺族に「遺族基礎年金」が支給されない場合、「死亡一時金」が支給されます。夫が亡くなった場合だけでなく、妻が亡くなった場合にも夫などが受給できます。

**対象者**
自営業（国民年金加入者）で36カ月以上保険料を納めた人が、老齢基礎年金や障害基礎年金を受給せずに亡くなった場合の遺族で、優先順位は配偶者→子→父母→孫→祖父母→兄弟姉妹の順

**ポイント**
- 支給額は保険料を納めた期間に応じて12万〜32万円
- 通常の保険料に加えて「付加保険料」を納めた月数が36カ月以上ある場合は、8500円が加算される
- 保険料の免除期間がある場合、免除額が4分の3の期間は納付月数を4分の3、半額免除の期間は2分の1、免除額が4分の1の期間は4分の1カ月として計算し、納付期間が36カ月以上になることが条件
- 「死亡一時金」を受給すると、「寡婦年金」は受給できないことに注意。60歳までかなりの年数がある人はすぐに受け取れる「死亡一時金」、60歳、61歳などで寡婦年金の支給期間（65歳まで）が長い人は「寡婦年金」にするなど、有利な方を選択したい

**届け出先**：市区町村

> シングルの人が亡くなった場合など、父母や祖父母、兄弟姉妹にも受給権があることをお忘れなく。

## 死亡一時金の支給額

| 保険料納付期間 | 支給額 |
| --- | --- |
| 3年以上 15年未満 | 12万円 |
| 15年以上 20年未満 | 14万5000円 |
| 20年以上 25年未満 | 17万円 |
| 25年以上 30年未満 | 22万円 |
| 30年以上 35年未満 | 27万円 |
| 35年以上 | 32万円 |

# 94 仕事中や通勤時に亡くなった人の遺族に給付
## 遺族補償年金・遺族補償一時金

もらえるお金
約 **541万円／年**
（月給30万円・配偶者と子ども2人の場合）

**内容**
業務上や通勤途中の災害による病気・ケガで死亡した場合、労災保険から遺族へ支給。「遺族補償年金」と「遺族補償一時金」があり、どちらが支給されるかは遺族によって異なります。

**対象者**
業務上の災害や通勤途中の災害による病気・ケガで亡くなった人の遺族で、該当者と優先順位は以下のとおり

【遺族補償年金】
- 妻または60歳以上か一定の障害のある夫
- 18歳になって最初の3月31日を迎えていないか、一定の障害のある子
- 60歳以上か一定の障害のある父母
- 18歳になって最初の3月31日を迎えていないか、一定の障害のある孫
- 60歳以上か一定の障害のある祖父母
- 18歳になって最初の3月31日を迎えていないか、一定の障害のある兄弟姉妹

以下、55歳以上60歳未満の①夫、②父母、③祖父母、④兄弟姉妹の順。最上位の人が権利を失ったら次順位の人が受け取れます

【遺族補償一時金】「遺族補償年金」の対象に該当する人がいない場合に、配偶者→死亡した人の収入で生計を維持していた子、父母、孫、祖父母→その他の子、父母、孫、祖父母→兄弟姉妹

**ポイント**
- 受給者が①〜④の場合、支給されるのは60歳から

**届け出先**：労働基準監督署

5年で時効になり、請求できなくなりますから気を付けて。

## 遺族補償年金の支給額

| 遺族の数 | 遺族補償年金 | 遺族特別支給金(一時金) | 遺族特別年金 |
|---|---|---|---|
| 1人 | 給付基礎日額の**153**日分※ | 300万円 | 算定基礎日額の**153**日分※ |
| 2人 | 給付基礎日額の**201**日分 | | 算定基礎日額の**201**日分 |
| 3人 | 給付基礎日額の**223**日分 | | 算定基礎日額の**223**日分 |
| 4人以上 | 給付基礎日額の**245**日分 | | 算定基礎日額の**245**日分 |

※55才以上の妻または障害の状態にある妻の場合は175日分

## 遺族補償一時金の支給額

**遺族補償一時金**
給付基礎日額の **1000**日分

**遺族特別支給金**
**300**万円

**遺族特別一時金**
算定基礎日額の **1000**日分

※給付基礎日額とは、事故が発生した日の直前3カ月間に支払われた金額の総額を、その期間の日数で割った、一日当たりの賃金額のこと。臨時的に支払われた賃金、ボーナスは含まれない
※算定基礎日額とは、事故が発生した日の直前1年間に支払われたボーナスなどを365で割った金額(上限あり。給付基礎日額の20%または150万円のいずれか低い額)

PART8 弔意

# 95 マル優・特別マル優

障害者や母子家庭は
700万円までの預金が非課税に

トクするお金
利子
350万円まで
**非課税**

##  内容

預貯金や国債などで利子が付くと、所得税、復興特別所得税などが徴収されますが、障害者や母子家庭、寡婦などは、一定額までの貯蓄の利息が非課税になる非課税貯蓄制度「障害者等の少額預金の利子等の非課税制度」(マル優)、さらに「障害者等の少額公債の利子の非課税制度」(特別マル優) が利用できます。

## 対象者

以下いずれかの条件に該当する人
- 障害者手帳の交付を受けている人
- 障害年金を受給している人
- 遺族年金を受給している人
- 寡婦年金を受給している人
- 母子年金を受給している人

##  ポイント

- マル優の対象となるのは預貯金で元本350万円までの利子が非課税になる
- 特別マル優の対象となるのは国債と地方債で額面350万円までの利子が非課税になる
- マル優と特別マル優は別枠で利用でき、700万円までの利子を非課税で受け取ることができる

## 届け出先：金融機関

該当する人はしっかり利用しましょう。金利が上がってくれば、メリットも大きくなります。

## 96 障害年金や遺族年金の受給者は有利な金利で運用できる
# 福祉定期預金

**内容**: 障害基礎年金や遺族基礎年金などの受給者は、一般的な定期預金に金利が上乗せされる「福祉定期預金」が利用できます。0.1%～0.3%程度、金利が上乗せされ、有利に運用ができます。
「障害者等の少額預金の利子等の非課税制度」(マル優、190ページ参照)とも併用でき、利子が非課税になるメリットも受けられます。

**対象者**: 障害基礎年金や遺族基礎年金などの受給者

**ポイント**:
- ゆうちょ銀行や信用金庫、労働金庫などが扱っている
- 金利や預入限度額は金融機関によって異なる

＜ゆうちょ銀行・ニュー福祉定期貯金の例＞
- 一般の1年ものの定期貯金の金利に0.1%(税引き後0.079685%)を上乗せした金利を適用
- 1000円以上1000円単位、300万円まで
- 自動継続の扱いはなし
- マル優制度が利用できる

**届け出先**: 金融機関

金融機関によって適用金利は異なります。預け入れる前に調べておきましょう。

## 井戸美枝
いど・みえ

社会保険労務士、ファイナンシャルプランナー(CFP®)、経済エッセイスト。
兵庫県神戸市生まれ。関西大学社会学部卒業。
2013年10月からは厚生労働省 社会保障審議会 企業年金・個人年金部会委員も務める。
講演やテレビ、ラジオ出演などを通じ、資産運用、ライフプランについてアドバイスしている。
著書に『100歳までお金に苦労しない 定年夫婦になる!』(集英社)、
『身近な人が元気なうちに話しておきたい お金のこと 介護のこと』(東洋経済新報社)、
『ズボラな人のための確定拠出年金入門』(プレジデント社)、
『一般論はもういいので、私の老後のお金「答え」をください!』(日経BP社)など多数。

# 届け出だけで もらえるお金

2018年 7 月 2 日　第1刷発行
2020年 5 月30日　第5刷発行

**著者** ● 井戸美枝
**発行者** ● 長坂嘉昭
**発行所** ● 株式会社プレジデント社
　　　　〒102-8641
　　　　東京都千代田区平河町2-16-1 平河町森タワー13F
　　　　https://www.president.co.jp/
　　　　電話　編集 (03)3237-3737
　　　　　　　販売 (03)3237-3731

**構成・編集協力** ● 高橋晴美
**編集** ● 小倉宏弥
**販売** ● 桂木栄一　高橋 徹　川井田美景　森田 巌　末吉秀樹
　　　　神田泰宏　花坂 稔
**制作** ● 小池 哉
**デザイン** ● Better Days(大久保裕文・芳賀あきな)
**イラスト** ● 石山綾子
**印刷・製本** ● 株式会社ダイヤモンド・グラフィック社

©2018　Mie Ido
ISBN 978-4-8334-5131-4
Printed in JAPAN
落丁・乱丁本はおとりかえいたします。